ライブラリ 読んでわかる心理学　1

読んでわかる
心 理 学

清水寛之・瀧川真也・槙　洋一・山本晃輔　共著

サイエンス社

監修のことば

　本ライブラリは，心理学を初めて学ぼうとする方に，自学自習によって心理学がわかるテキストを提供することを目指しています。

　心の科学である心理学は，幅広いテーマの内容を多彩な研究方法を使って解明することで，日進月歩をきわめています。その結果，心理学に興味をもち始め，自学自習に取り組もうとする方にとって，心理学の各テーマを一通り学習しようと挑戦しても，その内容を理解することは難しいものとなってきました。

　このような現状のもと，「ライブラリ　読んでわかる心理学」は，多岐にわたる心理学のテーマに対応して用意された各巻を，それぞれ主体的に自学自習することによって，その内容を効果的に理解できるように編まれました。関心をもった巻から自習することで，心理学の基礎概念の意味やことがらの理解を深めることができます。また，興味をもって学習できるように，章の概要をはじめにまとめ，読みやすい日本語で記述するよう心がけました。さらに，学習成果を深められるように，章末には参照できる文献を紹介し，学習した内容を確認するための復習問題を掲載しています。

　大学や短大の授業で心理学を学ぶ学生のみなさん，自宅でテキストを用いて心理学を学ぶ通信教育部の学生のみなさん，さらに公認心理師，認定心理士，臨床心理士，心理学検定といったさまざまな資格・試験をめざすみなさんが，本ライブラリを自学自習の教材として積極的に役立てられることを願っています。

監修者　多鹿秀継

まえがき

　本書は,「ライブラリ 読んでわかる心理学」全15巻の第1巻として,これから心理学を学ぼうとする人たちに向けた心理学の入門書・概説書です。

　心理学は今のところ,小学校や中学校,高等学校では1つの教科や科目としては提供されておらず,大学や短期大学,あるいは専門学校に入学した後に学び始めることがほとんどです。「心理学」という授業名は確かに,「国語」や「理科」「算数・数学」と違って,どちらかというと大学で勉強する学問というイメージがあります。しかし,小中学校の「国語」の教科書にも心理学にきわめて関連の深い話題や作品,記事などが掲載されています。「生活」「理科」「保健体育」にも心理学に関係した事項がたくさん出てきます。さらに,2022年度から実施されている新学習指導要領では,高等学校の公民科「倫理」において個性や感情,認知,発達といった心理学のテーマが導入されています。ただ,小学校から高等学校までの学校教育において,心理学に関連した事項は複数の教科や科目にわたってバラバラに出てくるので,心理学をまとめて勉強する機会はほとんどなかったのではないかと考えられます。

　そのため,大学などで心理学を1つの授業として体系的に学ぶことはとても貴重な機会だと思います。本書を今,手に取って読んでくださっている方々の中には,心理学についてはまだ何も知らないと思っている方がおられるかもしれません。しかし,実は,心理学はこれまでの学校での学習内容や日常生活で経験した事柄と直接結びついた問題について取り組んでいます。つまり,心理学は非常に身近な学問なのです。

　なお,本ライブラリでは,第2巻以降に次のような書名が並んでいます。書名のはじめの「読んでわかる」を省略すると,

　2. 神経心理学

　3. 学習・言語心理学

　4. 認知心理学

　5. 教育心理学

6. 幼児心理学

7. 児童心理学

8. 青年心理学

9. 発達心理学

10. 社会心理学

11. パーソナリティ心理学

12. 臨床心理学

13. 健康・医療心理学

14. 家族心理学

15. 心理統計法

となっています。これら「○○心理学」は，心理学の専門分野であり，いわゆる心理学の各論にあたります。これら以外にも，司法・犯罪心理学や文化心理学，産業組織心理学など，さまざまな専門分野があります。こうした心理学の専門領域に対応した各論に対して，本書は心理学の総論に相当します。心理学の各論や専門領域に向かってさらに勉強を進めたくなるように，興味・関心を高めることが本書の目的になります。

本ライブラリでは，「読んでわかる」ことが強調されているように，どの巻でも図表が多く掲載されています。本巻でも図表やイラストをふんだんに載せ，心理学の世界をわかりやすく説明します。日常生活の出来事に関する具体例を数多く取り上げ，できるだけ読者のみなさんの心理学への興味・関心を促し，勉強への動機づけを高め，本ライブラリ他巻への導入を図りたいと思います。

最後になりましたが，本書執筆の機会を与えてくださったライブラリ監修者の多鹿秀継先生と，長らく原稿をお待ちくださったサイエンス社編集部の清水匡太氏に心から感謝申し上げます。

著 者 一 同

目　　次

まえがき　……………………………………………………………………… i

第1章　心理学とは──心と行動の科学　1

1.1　心理学とは　………………………………………………………… 1
1.2　心理学の前史と誕生　……………………………………………… 3
1.3　20世紀前半の心理学　……………………………………………… 5
1.4　20世紀後半以降の心理学　………………………………………… 7
1.5　現代心理学の2つのアプローチ　………………………………… 8
1.6　心理学の方法　……………………………………………………… 9
1.7　人間理解のための生物─心理─社会モデル　………………… 12
　　　参　考　図　書　……………………………………………… 14
　　　復　習　問　題　……………………………………………… 14

第2章　感覚と知覚　15

2.1　感覚のはたらき　…………………………………………………… 15
2.2　知覚のはたらき　…………………………………………………… 17
2.3　注　　　意　………………………………………………………… 22
　　　参　考　図　書　……………………………………………… 24
　　　復　習　問　題　……………………………………………… 24

第3章　学　　習　27

3.1　学　　習　…………………………………………………………… 27
3.2　古典的条件づけ　…………………………………………………… 29
3.3　オペラント条件づけ　……………………………………………… 31
3.4　技　能　学　習　…………………………………………………… 33
3.5　社　会　的　学　習　……………………………………………… 35
　　　参　考　図　書　……………………………………………… 38
　　　復　習　問　題　……………………………………………… 38

第4章 記　憶　39

4.1　記憶の測定法と過程 ………………………………… 39
4.2　記憶の種類 …………………………………………… 40
4.3　記 憶 方 略 …………………………………………… 46
　　　参 考 図 書 …………………………………………… 51
　　　復 習 問 題 …………………………………………… 51

第5章 思考と意思決定　55

5.1　思　　考 ……………………………………………… 55
5.2　問 題 解 決 …………………………………………… 57
5.3　問題解決を阻むもの ………………………………… 58
5.4　問題解決のプロセス ………………………………… 61
5.5　推　　論 ……………………………………………… 64
5.6　意思決定とバイアス ………………………………… 67
　　　参 考 図 書 …………………………………………… 71
　　　復 習 問 題 …………………………………………… 71
　　　問題の答え …………………………………………… 71

第6章 知能とコミュニケーション　73

6.1　知能の構造と種類 …………………………………… 73
6.2　知 能 の 測 定 ………………………………………… 77
6.3　コミュニケーション ………………………………… 79
　　　参 考 図 書 …………………………………………… 84
　　　復 習 問 題 …………………………………………… 84

第7章 生 涯 発 達　85

7.1　発達における遺伝と環境 …………………………… 85
7.2　発達段階説 …………………………………………… 87
7.3　運 動 の 発 達 ………………………………………… 90
7.4　認 知 の 発 達 ………………………………………… 91
7.5　言 語 の 発 達 ………………………………………… 94

目　次　　　　　　　v

7.6	愛着の発達	95
7.7	対人関係の発達	96
	参 考 図 書	97
	復 習 問 題	97

第8章　パーソナリティ　99

8.1	パーソナリティとは	99
8.2	パーソナリティの測定	103
8.3	パーソナリティの形成	108
	参 考 図 書	110
	復 習 問 題	111

第9章　動機づけと感情　113

9.1	欲求，動機	113
9.2	欲求階層説	114
9.3	欲求不満と葛藤	115
9.4	内発的動機づけと外発的動機づけ	116
9.5	動機づけと原因帰属	116
9.6	学習性無力感	117
9.7	感　　情	118
9.8	基 本 感 情	120
9.9	情動の2要因説	121
9.10	単純接触効果	121
	参 考 図 書	122
	復 習 問 題	122

第10章　神経生理学的基礎　125

10.1	神経細胞の構造	125
10.2	脳神経系の構造	129
10.3	大脳皮質の機能局在	130
10.4	高次脳機能の障害	133
10.5	神経心理学的アセスメント	136

目　次　vi

　　　参 考 図 書 ……………………………………………… 140
　　　復 習 問 題 ……………………………………………… 140

第11章　社会と文化　141

11.1　社会的認知と社会的行動 ……………………………… 141
11.2　グループダイナミクス ………………………………… 146
11.3　集合現象と社会現象 …………………………………… 149
11.4　文化と心理 ……………………………………………… 150
　　　参 考 図 書 ……………………………………………… 155
　　　復 習 問 題 ……………………………………………… 155

第12章　臨床実践と心理的支援　157

12.1　臨床心理学の基礎理念 ………………………………… 157
12.2　代表的な心理療法 ……………………………………… 159
　　　参 考 図 書 ……………………………………………… 169
　　　復 習 問 題 ……………………………………………… 169

第13章　メンタルヘルス　171

13.1　ストレス ………………………………………………… 171
13.2　ストレスの生理的側面 ………………………………… 172
13.3　ストレスの心理・社会的側面 ………………………… 174
13.4　ストレスと心身の疾病 ………………………………… 177
13.5　ストレスとパーソナリティ特性 ……………………… 180
13.6　メンタルヘルスのサポート資源 ……………………… 181
　　　参 考 図 書 ……………………………………………… 184
　　　復 習 問 題 ……………………………………………… 184

引 用 文 献 …………………………………………………… 185
人 名 索 引 …………………………………………………… 195
事 項 索 引 …………………………………………………… 197
著 者 紹 介 …………………………………………………… 205

第1章 心理学とは
——心と行動の科学

　「心理学」ということばは，とてもよく知られています。カウンセリングやストレス，トラウマといったことばを連想する人も少なくないように思われます。確かに心理学は心の理解をめざす学問ですが，心を理解するというのはなかなか簡単なことではありません。「この人は今，何を考えているのだろうか」とか「私はあのとき，どうしてあんなことをしてしまったのか」とあれこれ考えること自体はけっしてまちがってはいません。しかし，誰もが納得のいくかたちで心のはたらきや問題を正しくとらえるというのは非常にむずかしいことです。ましてや，そうした理解の上に立って，心の問題の解決を図り，望ましい方向に導くというのは並大抵のことではありません。

　とはいえ，これまでの多くの先人たちの努力のおかげで人の心のはたらきやしくみが少しずつわかりはじめてきました。この章では，はじめに心理学がどういった学問であるのかについて説明し，心理学の歴史を概観します。そして，心理学では心のはたらきやしくみをどのように解き明かそうとしているのかについて述べます。

1.1　心理学とは

　心理学は，その名の示すとおりに，「心理」（すなわち「心」）を明らかにする学問です。では，心とはいったい何なのでしょうか。人は「身体」（肉体，からだ）と心（精神）で成り立っています。つまり，心は身体との対比でとらえることが多いです。しかしながら，心と身体がまったく独立して存在しているわけではなく，身体が滅びると心も失われるし，心が身体を管理しているという側面もあります。身体と心はまったく別物で，身体が滅びても心はなお生き続けるという考え方もありますが，そのときの心はむしろ「霊魂」とよぶべ

きかもしれません。おそらく誰かの心は，身体の動きや表情，行い，ふるまい，しぐさ，ことばなどから推察するものであり，人それぞれの身体に備わった「何か」であろうと思われます。

1.1.1 心理学の語源

心理学は英語で「psychology」といいますが，もとはラテン語の「psychologia」に由来します（図 1.1）。このことばは心や魂を表す「psyche（プシュケ）」と学問や論理を表す「logos（ロゴス）」を組み合わせたもので，かなり古くから用いられてきたようです。日本では明治時代のはじめに，西 周（西洋哲学者，啓蒙思想家）が精神哲学（mental philosophy，心の哲学）を紹介するときに，「心理学」ということばを用いました。ただし，彼は「psychology」を「性理学」と訳しました。現在では，「psychology」の訳語として「心理学」を用いることが広く認められています。

1.1.2 心と行動の科学

心理学は一般に「心」を研究する学問であると考えられています。ただし，その場合の「心」はなかなかとらえにくいため，心の表れである「行動」も心理学の研究対象になります。アメリカ心理学会（American Psychological Association; APA）のホームページでは，心理学は「心と行動（mind and be-

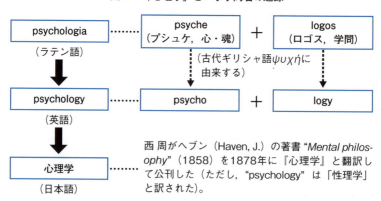

図 1.1 「心理学」という学問名の起源

havior）を研究する学問である」と明記されています。続いて「脳の機能から
国家の行為にいたるまで，あるいは子どもの発達から高齢者のケアにいたるま
で，人間の経験のあらゆる側面を網羅している」と説明されています。さらに，
現代の心理学は科学的な方法を用いるため，心理学は「心と行動の科学」であ
るといえます。

1.2　心理学の前史と誕生

1.2.1　心理学の長い過去と短い歴史

　ドイツの心理学者エビングハウス（Ebbinghaus, H.）は，「心理学の過去は
長いが，歴史は短い」と述べました（Ebbinghaus, 1908）。心理学が誕生した
のは今からせいぜい 140 年ほど前ですが，心の問題に対する興味・関心はそれ
よりもかなり以前から示されており，古代ギリシャ時代にさかのぼるとされて
います。哲学者アリストテレス（Aristoteles）は『精神論（デ・アニマ）』の
中で，生物はすべて身体と精神からなっているが，両者は別々の存在ではない
と主張しました。彼はそのことは人間だけでなく，動物にも植物にもあてはま
ると考えました。ただし，植物の精神は栄養と生殖，動物の精神は感覚と運動，
人間の精神はさらにその上に理性のはたらきが加わっていると述べています。

1.2.2　生得説と経験説

　17 世紀の前半，フランスの哲学者デカルト（Descartes, R.）はアリストテレ
スとは異なり，いわゆる心身二元論を展開しました。心身二元論では，精神と
身体のそれぞれが独立しており，互いに影響を及ぼし合っていると考えます。
デカルトは，身体が物理法則に支配される機械のようなもの（自動機械）であ
るのに対して，精神に関しては動物とは違って人間だけが理性によって意識的
な内容を経験することができるという点を強調しました。しかも，そうした精
神のはたらきは人間に生まれつき備わっていると考えました（生得説）。その
後，イギリスの哲学者ロック（Locke, J.）はデカルトの生得説に対して，人間
の意識や知識は生まれてから後の経験に基づくとし，経験する前（生まれたば

かりの頃）は白紙状態（タブラ・ラサ）であるという経験説を主張しました。こうした心をめぐる哲学的な考え方がエビングハウスのいう「心理学の長い過去」の一端であると考えることができます。

1.2.3　感覚生理学と精神物理学

　19世紀に入ると，イギリスの自然科学者ダーウィン（Darwin, C. R.）による進化論やフランスの医師ブローカ（Broca, P. P.）による言語中枢の研究が大きな功績をあげ，その後の心理学にも大きな影響を及ぼしました。より直接的な影響として，ミュラー（Müller, J. P.）やヘルムホルツ（von Helmholtz, H. L. F.）といったドイツの生理学者たちによって感覚生理学が発展し，人間の視覚（とくに色覚）や聴覚，触覚に関して多くのすぐれた研究成果が発表されました。さらに，同じくドイツの生理学者であるウェーバー（Weber, E. H.）やフェヒナー（Fechner, G. T.）の研究に代表されるように，精神物理学はさまざまな刺激の強さとそれを受け取る感覚の強さや鋭敏さに関する研究分野として注目を集めました。このように，感覚生理学と精神物理学は，心理学に先駆けて，人間の心や行動に対して科学的な測定を試みた学問領域であるといえます。

1.2.4　ヴントとジェームズ

　ドイツの心理学者ヴント（Wundt, W. M.）は1879年に，ライプチヒ大学に最初の心理学実験室を開設しました。そこで，感覚生理学や精神物理学の研究成果の影響を受け，内観法という手法を用いて，人間の意識を調べはじめました。内観法とは，自分の意識過程（知覚，思考，感情など）を自ら観察して記録し，言語的に報告するというものでした。この心理学実験室の開設をもって心理学の誕生とされることが多いです。当初の心理学は，心の哲学が扱っていた問題と感覚生理学や精神物理学の実験的方法が結びついて出発しました。

　ヴントは意識を要素に分解し，その結合法則を明らかにしようとしました。その意味で，ヴントのめざした心理学は要素主義心理学または構成主義心理学とよばれました。これに対して，アメリカの心理学者ジェームズ（James, W.）

は意識の要素よりもはたらきを重視し，機能主義心理学を展開しました。中でも「意識の流れ」という表現を用い，ヴントのように意識の要素を固定して考えるのではなく，意識が絶えず次々に変化することを強調しました。いずれにしても，ヴントとジェームズは共に意識を研究対象とし，その解明に取り組んだという点で，そうした立場は意識心理学とよばれました。

1.3　20世紀前半の心理学

1.3.1　行動主義心理学

　心理学は行動も研究対象とすると先ほど述べましたが，20世紀の初頭から半ば頃までは，むしろ行動こそが心理学が取り組むべき対象であるという考え方が主流を占めました。この考え方は，ヴントやジェームズが意識を研究対象とし，内観法を主な研究方法としたことに対する厳しい批判的立場として登場しました。この考え方は，極端にいえば，人間の意識や認識といった，いわば「とらえどころのないもの」など研究できるはずがなく，客観的に観察可能な行動だけを研究対象にすべきであるというもので，行動主義心理学とよばれました。確かに，人間の意識を取り扱うことは，むずかしい問題を引き起こします。意識の解明に取り組む研究者が安易な思いつきや決めつけに基づいて結論を導き出してしまう可能性があるからです。あるいは，研究に参加協力する人が，内観法を通じて何を感じ，思い，考えたのか，それをどのように表現するのかということは，個人の能力や意図，期待などによって大きく左右されてしまいます。そう考えると，そもそも嘘やごまかし，さらには人間の弱さや愚かさを含む心の問題は，そう簡単に明らかにできるはずがありません。

　そこで，確かな学問として心理学を成り立たせるために，詳細に観察でき，正確に測定できる行動に研究の焦点を当てようとすることは，一つの健全なアプローチであると考えることができます。初期の行動主義心理学では，与えられた刺激に対して人間がどのように反応を起こすかを調べ，刺激（stimulus; S）と反応（response; R）との関係に関する法則性を明らかにしようとしたため（第3章参照），S-R心理学とよばれました。その後，心理学の研究対象は

行動であるとしながらも，動機や意図などの個人の性質（生活体変数という）を重視して「刺激―生活体（organism; O）―反応」（S-O-R）という図式に基づいて理論化が進められ，新行動主義心理学へと発展していきました。

1.3.2 ゲシュタルト心理学

行動主義心理学は 20 世紀初頭に主にアメリカでワトソン（Watson, J. B.）が中心となって主張を展開しましたが，ちょうどその頃に，ヨーロッパでは別の観点からヴントやジェームズの意識心理学を批判する考え方が現れます。それはゲシュタルト心理学です。ここでのゲシュタルトとは「形態」という意味ですが，単に視覚的形態を指すのではなく，「まとまり」をもった全体的構造を指します（第 2 章参照）。すでに述べたように，ヴントは意識を要素に分解し，その結合法則を明らかにしようとしました。しかし，ゲシュタルト心理学の立場は，こうした要素主義や構成主義の考え方を否定し，要素に分解できない全体的な「まとまり」（ゲシュタルト質）こそが重要であると主張しました。

1.3.3 精 神 分 析

一方で，1920 年代以降，精神分析という考え方が多くの関心を集めてきました。この考え方もまた，人間の心を要素に分解してとらえるべきではなく，全体性を重視しました。ただし，ここでは新たに「無意識」という概念を導入しました。有名なフロイト（Freud, S.）による精神分析の考え方では，人間の意識の根底には大きな無意識の世界が広がっており，人間の行動を規定しているのは意識よりもむしろ無意識です。心のエネルギー（リビドーという）は性的な願望や衝動，他者への攻撃性などによって特徴づけられます。

以上のように，20 世紀前半頃の心理学は，こうした行動主義心理学，ゲシュタルト心理学，精神分析という 3 つの潮流によって大きくとらえることができます（表 1.1）。

1.4 20世紀後半以降の心理学

表 1.1　20 世紀前半の心理学の主な潮流

心理学の立場	主な特徴	代表的な心理学者
行動主義心理学	• 主観的な精神活動を研究対象としない。 • 客観的に観察可能な行動を研究対象とし，刺激と反応の法則性を明らかにする。 • 行動を正確に予測し，適切にコントロールすることをめざす。	ワトソン (Watson, J. B.) トールマン※ (Tolman, E. C.) スキナー※ (Skinner, B. F.) ハル※ (Hull, C. L.)
ゲシュタルト心理学	• 人の精神活動は個々の要素に分解・分析してとらえるよりも全体性（ゲシュタルト質）を重視する。 • 心理現象（とくに知覚現象）にはそれに対応する生理学的プロセスが脳内に存在する（心身同型説）。 • 全体性を重視する立場は，知覚現象や洞察学習，集団での「場」の形成に関する諸理論を発展させた。	ヴェルトハイマー (Wertheimer, M.) ケーラー (Köhler, W.) コフカ (Koffka, K.) レヴィン (Lewin, K.)
精神分析	• 個人の行動を規定する主な要因は無意識である。 • 無意識の世界を理解するために自由連想法や夢分析などを用いる。 • 幼児期の経験がパーソナリティ形成に及ぼす影響を重視する。 • 人間には，自己を危険に導く刺激や変化から無意識に自己を守るしくみ（防衛機制）が備わっている。	フロイト (Freud, S.) ユング (Jung, C. G.) アドラー (Adler, A.)

※トールマンらは，心理学の研究対象は行動であるとしながらも，動機や意図などの生活体変数を重視して「刺激－生活体－反応（S-O-R）」という図式に基づいて理論を展開した（新行動主義心理学）。

1.4　20 世紀後半以降の心理学

　行動主義心理学が主張するように，意識などを調べることは容易ではないので，個人の内面の世界にはいっさいふれないでおくという考え方も確かに一理あります。ただし，それでは「心なき心理学」になりかねません。実際，行動主義心理学の立場にある研究者の中には，自らは心理学者ではなく，行動科学者であると明言する人たちもいました。しかし，20 世紀後半には，工夫を凝らして，一見とらえどころのない人間の「心」を誰もが納得のいくかたちで研究することこそが重要ではないかという気運がめばえ，次第に大きく進展して

いきました。そうした気運を支えたのは，明らかにコンピュータ科学の発展であるといえます。それ以外にも通信工学や脳神経科学の発展も人間の知的な精神活動の解明に大きな影響を及ぼしました。それらの影響は一般に「認知革命」と呼ばれ，心理学だけでなく，人類学や言語学，社会学などにも及びました。人間の知的活動に関連した諸科学の総称として，認知科学ということばが用いられています。心理学においては，とくに人間の知的活動の解明に取り組む専門分野として認知心理学が急速に定着していきました。

1.5 現代心理学の2つのアプローチ

　心理学という学問分野は，さまざまな観点に基づいて，切り分けて考えることができます。そのうちの一つのアプローチは，人間の心理のはたらき（機能）としくみ（構造）を明らかにしようとするもので，いわば「心の不思議」を解き明かそうとしています。もう一つは，人間の心理に関する個々の現実的・実際的な問題に向き合い，そうした問題の解決に努力するというアプローチです。このアプローチには，心の問題で困っていたり，悩んでいたりする個人や集団に寄り添い，サポートし，望ましい方向に向かうことも含まれます。

　大きなくくりとして，前者のアプローチは基礎系の心理学（基礎心理学），

図 1.2　**心理学の専門分野**（Jackson, 2018 清水・井上訳 2020 より一部改変）

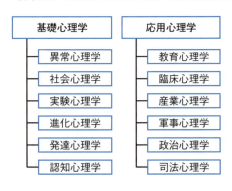

後者のアプローチは応用・実践系の心理学（応用心理学）といえます。その中でもさまざまな専門分野がありますが，たとえば，ジャクソン（Jackson, 2018 清水・井上訳 2020）は図 1.2 のような専門分野をあげています。基礎心理学と応用心理学は互いに補い合っています。基礎心理学の立場から心の不思議を追究したいと思っても，人の心身を傷つけるような研究は厳しく制限されています。そのため，現代の心理学では研究倫理に関するガイドラインや基準，あるいは研究倫理審査の制度が整備されています。応用心理学の研究も，基礎心理学の研究成果に基づくものでなければ，誤解や決めつけにつながって差別や偏見を助長するなど，個人や社会にとって有害なものとなります。

1.6　心理学の方法

　心理学は「心と行動の科学」であると述べましたが，ここでの「科学」とはどういったことを指すのでしょうか。おそらく個人的な思い込みや偏ったものの見方ではなく，誰もが納得のいくかたちできちんとした根拠・証拠（エビデンス）に基づいて何らかの結論を得る方法であると考えられます。そのため，可能な限り誤解が生じないように，あいまいな表現ではなく，ことば遣いをきちんと定めた上でエビデンスを集めて研究を進めることが重要です。また，何度でもほぼ同じエビデンスが得られる必要があります（再現可能性）。さらに，また別のエビデンスに基づいて反論されたり，否定されたり，修正を迫られたりすることを恐れず，その可能性（反証可能性）を常に念頭に置いておくことも大事です。このような研究の進め方を実証科学的方法とよびます。

1.6.1　仮説の設定・検証と理論の構成・修正

　心理学では，できるだけ的確に心や行動に関する事実を確認し，研究を通してわかったこと（研究知見・研究成果）を蓄積し，心のはたらきやしくみを考えていきます。したがって，研究者の直観や思索を通じて得られた事柄をそのまま結論にするのではなく，いったん「仮説」のかたちで提案し，それを確かな方法で検証し，1 つの理論を構成し，修正していくことが望まれます（図

図 1.3　心理学の研究の進め方（Smith, 1998 より一部改変）

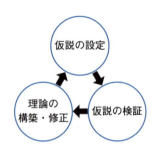

1.3）。そうした循環的な作業を地道に積み重ねていって，心理学の研究成果を体系化しようとしています。

1.6.2　観察・実験・調査・テスト・事例研究

　現代の心理学で広く用いられている方法は，観察，実験，調査，テスト，事例研究（ケーススタディ）などに分けて考えることができます。

　観察は，研究対象となる人のさまざまな行動（動きやふるまいなど）を外部からとらえ，克明に記録することを指します。まったく制限の設けられていない日常的な行動を観察することもあれば（自然観察），特定の行動に焦点を当てたり，あらかじめ基準や条件，手続きを設定したりしておくこともあります（系統的観察）。あるいは，観察対象となっている人や集団に観察者自身が直接関わりながら観察を行うこともあります（参加観察）。

　実験は，事前にいくつかの条件を設定した場面状況のもとで参加協力者がどのような行動や反応を示すかを調べるものです。それにはさまざまな研究目的に合わせて専用の心理学実験室が利用されることが多く，その中で各種の刺激呈示装置や反応記録装置，生体計測装置などが用いられます。

　調査には，いわゆるアンケート調査のように，参加協力者に対していくつかの質問が書かれた書類を渡して，それに筆記で回答を求めるものがあります（質問紙調査）。その際，複数の人たちに同時に調査を行う場合（集団調査）と，一人ずつに調査を行う場合（個別調査）があります。あるいは，対面で調査者が参加協力者に対して口頭で質問し，参加協力者も口頭で回答する形式の面接

調査(インタビュー調査)もあります。現在では,インターネットを利用した調査(ウェブ調査)も盛んに行われています。

　テストはここでは,参加協力者の特定の心理的特徴(パーソナリティや知能,各種の能力など)を測定することのできる心理テストのことです。すでに開発された心理テストを用いて参加協力者の個人特性を特徴づけます。テストによっては,テスト用紙だけでなく,特別なテスト用具や機器を必要とするものがあります。専門の知識や技能の訓練を受けた経験者しか取り扱えないテストもあります。

　事例研究は,特定の個人に対して一定の過去から現在にいたる時間経過に沿って,さまざまな心理的側面の特徴やその変化を詳細に調べるものです。その個人の置かれた環境や実際に経験した重要な出来事なども詳細に記録します。

　実験や質問紙調査などは,得られたデータを数量的にとらえ,統計分析を進めていきます。これに対して,面接調査や事例研究の場合,特定の個人に焦点を当てて,自身が経験した出来事について率直な気持ちや思いを語ってもらうことが多く,必ずしも統計分析が行われるわけではありません。前者は**量的研究**,後者は**質的研究**とよばれます。

1.6.3 妥当性と信頼性

　心理学の調査やテストでは,研究者が測定したいものが実際に正しく測定できているどうかが問題になります。このことを調査やテストの**妥当性**といいます。あるいは,調査やテストを何度か行って,毎回同じように調べていても,そのたびに結果が異なるのであれば役に立たず,同じような結果が安定して得

図 1.4 妥当性と信頼性のイメージ(Conrad & Maul, 1981 より一部改変)

妥当性が高く,
信頼性も高い。

妥当性は高いが,
信頼性は低い。

妥当性は低いが,
信頼性は高い。

妥当性が低く,
信頼性も低い。

られる必要があります。このことを調査やテストの**信頼性**といいます。妥当性と信頼性は，あくまでイメージですが，ダーツや射撃の比喩を用いて説明されることがあります（Conrad & Maul, 1981；図 1.4）。今，測定の対象を的の中心（＋印）であるとすると，それにねらいを定めて何度か矢を放つと，的の中心付近に矢が集中して刺さる場合は妥当性も信頼性も高いことになります。しかし，矢は時々中心の近くに刺さるものの，いつもそうとは限らず，矢の着地点にばらつきがみられるような場合は，妥当性が高くても，信頼性が低いといえます。的の中心から離れた場所に何度も同じように刺さる場合は，妥当性が低く，信頼性は高いと考えられます。どの矢も的の中心から離れた場所にばらついて刺さっているようなときは，妥当性も信頼性も低いといえます。心理学の調査やテストでは，このように妥当性と信頼性の両方が一定以上の高さであることが求められます。

1.7 人間理解のための生物―心理―社会モデル

20 世紀後半にアメリカの精神科医エンゲル（Engel, G. L.）は精神疾患を理解するためのモデルとして「**生物―心理―社会モデル**（biopsychosocial model; BPS model）」を提唱しました（Engel, 1977；図 1.5）。このモデルは，精神疾

図 1.5 **生物―心理―社会モデルの例**（Engel, 1977 より作図）

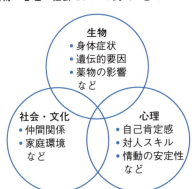

1.7 人間理解のための生物―心理―社会モデル

患を生物学的要因，心理的要因，社会的要因という3つの要因からとらえるという考え方をまとめたものです。現在では精神疾患のみならず，すべての疾患や健康，心理現象の理解にもこのモデルは役立つと考えられています。心理学を学ぶ上で広い視野をもって，生物としての人間の成り立ちや，社会・文化の中での人間の暮らしの様子についても関心をもつことが重要です。

コラム 1.1　心理学の学会組織と心理専門職の交流

　世界でもっとも大きな心理学会はアメリカ心理学会（American Psychological Association; APA）です。1892 年に設立された当時，会員数は 31 人でしたが，2024 年 10 月現在で 15 万 7 千人の会員がおり，54 の部門に分かれています（詳しくは，秋山・清水，2020 を参照）。日本の心理学の学会組織についてみてみると，日本心理学諸学会連合に加盟している学会が 56 団体に及びます。日本心理学会は 1927 年に設立され，2019 年 3 月現在の会員数は 7,882 人です。

　一般に「psychologist ＝心理学者」と思われがちです。しかし，スクールカウンセラーやセラピストなど，さまざまな臨床実践現場（大きく，医療・教育・産業・福祉・司法の 5 分野がある）ではたらく人たちの場合，必ずしも心理学の学者・研究者としての仕事に携わっているわけではないので，「psychologist」は「心理専門職」「心理士」「サイコロジスト」などと訳されることが多いです。学会とは別に，そうした人たちのための情報交換や資質向上，交流の場として，心理専門資格ごとに「公認心理師の会」「臨床心理士会」「学校心理士会」といった団体が組織されています。

参考図書

ノーレンホークセマ, S.・フレデリックソン, B. L.・ロフタス, G. R.・ルッツ, C. 内田 一成 (監訳) (2015). ヒルガードの心理学 第16版 金剛出版

多鹿 秀継 (監修) (2018–). ライブラリ 読んでわかる心理学 (各巻) サイエンス社

復習問題

1. 心理学とはどのような学問であるかについて説明してください。
2. 心理学の誕生に影響を及ぼした考え方について説明してください。
3. 20世紀前半の心理学について説明してください。
4. 心理学の主な方法について説明してください。

第2章 感覚と知覚

　家族や友人とお気に入りのレストランを訪れたときのことを思い浮かべてください。店内の内装はすてきな色合いに満ちており，おしゃれな BGM が流れています。木製の椅子やテーブルは肌触りが良く，落ち着きます。店内には，おいしそうな料理の匂いが漂っており，食欲が湧いてさらにお腹が減ってきました。

　私たちは普段から，見る，聴く，触れる，匂う，味わうといった感覚を通して，外の世界を認識しています。また，空腹を感じたときのように，自分自身の内部の感覚を認識することもできます。このように，私たちには内外のさまざまな感覚があり，これらの感覚があるからこそ，日々の出来事がさらに彩られているといえます。この章では，五感やその他の感覚について説明します。

2.1 感覚のはたらき

2.1.1 視　覚

　眼を通して外界を認識すること，すなわち見るはたらきを視覚といいます。視覚は人間にとってもっとも基本的で重要な感覚といえます。私たちがものを見るとき，眼球の網膜内の細胞が外部の光を検出し，電気信号に変換されます。その後，錐体細胞と桿体細胞という2つの細胞が機能します。錐体細胞は明るい場所であれば色を認識することができますが，暗闇ではそのはたらきが低下してしまいます。反対に，桿体細胞は色を区別できませんが，わずかな光でも感知できるため，主に暗いところではたらいています。この2つの細胞内の化学的な変化によって生成された電気信号が視神経に伝えられ，視床という部位に伝達された後に，脳の後部，後頭葉にある視覚野に受け渡されます。このようなプロセスによって，外界にある物体の明るさ，色，形，運動，奥行き，空間情報などの情報を得て「見る」ことができるのです。

2.1.2 聴　覚

　耳を通して外界を認識すること，すなわち，聴くはたらきを聴覚といいます。聴覚は視覚と並んでとくに重要な感覚であると考えられます。私たちが普段耳にする音楽や人の声などの外界の音声情報は空気の振動によって伝わります。耳を通して，外界の音や声の状況が集約され，増幅された後に電気信号に変換されるのです。具体的には，外耳といわれる部位が外界の音声情報を集め，中耳がそれを増幅し，内耳にある蝸牛が電気信号に変換して聴神経に伝達します。聴神経に伝わった情報は，視覚情報と同様に視床に送られ，脳の側面に位置する側頭葉にある聴覚野に受け渡されます。このようなプロセスを通して，私たちは「聴く」ことができます。

2.1.3 嗅　覚

　鼻を通して外界を認識すること，すなわち匂うはたらきを嗅覚といいます。嗅覚には2つの経路があることが知られています。一つは，空気中の匂いの分子が鼻腔から呼吸とともに取り込まれ，嗅上皮の嗅粘膜に吸着し，嗅細胞によって電気信号に変換された後に，脳内に情報が伝達されるルートです。一般的に鼻を介して匂いを嗅ぐ場合を指し，このようなルートをオルソネーザル嗅覚といいます。一方，飲食物を摂取したときに，口の中の匂いが鼻を抜けることで匂い物質が取り込まれる経路もあり，これはレトロネーザル嗅覚とよばれています。人間の嗅神経は大脳皮質に加えて，情動をつかさどる扁桃体にも直接つながっているといわれています。そのため，匂いを嗅ぐことで楽しい気分になったり，情動的な記憶を思い出したりすることがあります。

2.1.4 味　覚

　舌を通して外界を認識すること，すなわち味わうはたらきを味覚といいます。主な味には，塩味，甘味，酸味，苦味，うま味の5種類があります。口の中に摂取された食物や飲料を構成する化学物質が口腔内にある味蕾にある味細胞を刺激し，電気信号に変換された後，大脳皮質に情報伝達されることにより，味を理解します。味神経は大脳皮質の特定の領域の他に，報酬系回路ともつな

がっているため，十分においしい食事をとった際には満腹感や幸福感を感じます。

2.1.5 触　覚

皮膚を通して外界を認識すること，すなわち触れるはたらきを触覚といいます。触覚には，3つの異なる感覚があるといわれます。さまざまな種類の圧力を検出する機械受容感覚，温度を検出する温度感覚，痛みを検出する痛覚です。触覚は，皮膚にある機械受容器が体表への機械的接触を受けたときに生じる感覚です。触覚情報は，頭頂葉にある一次体性感覚野で処理されます。

2.1.6 その他の感覚

その他，人間には身体について知らせる内部感覚があります。身体が現在どのような姿勢をとっているのか，動作を知覚する運動感覚，体内の内臓の状態や変化を感じとる内臓感覚，身体のバランスをとらえる平衡感覚です。これらはそれぞれに特定の神経線維が関わっていると考えられています。

2.2　知覚のはたらき

ここまで述べたように，私たちは感覚器官から大量の情報を受け取っています。それらの情報をただ漠然と受け取るのではなく，より効率的に対象を理解するために，意味のある単位にまとめて理解しています。このようなはたらきを群化といいます（図2.1）。しかし，私たちは群化により情報をそのまま理解するのではなく，時に補正し，時にゆがめて理解することもあります。ここでは，このような知覚のはたらきについて説明します。

2.2.1 図 と 地

図2.2はどのような絵に見えるでしょうか。これはルビンの壺とよばれるもので，壺あるいは2人の人が向かい合っている絵にも見えるでしょう。しかし，一度に1つのパターンしか見ることができません。今，浮かび上がって見

図 2.1 **群化の要因**（鹿取ら，2020）

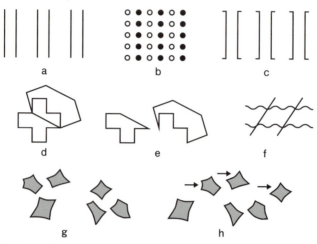

a. 近接の要因（3 組の近い 2 本の線同士がまとまる）
b. 類同の要因（白い点同士，黒い点同士がまとまる）
c. 閉合の要因（縦線は図 a と同じであるが，短い横線を付加したために，閉じ込められた中央の 2 つの部分がまとまり，近接の要因ははたらきにくい）
d, e. 良い形の要因（d は六角形と十字形［共に良い形］が交わった図としてまとまり，e のような奇形に分離しては見えない）
f. 良い連続の要因（なめらかにつながって見える直線，波型線が，それぞれまとまり，波型線が途中から直線につながっているようには見えない）
g, h. 共通運命の要因（g では近接の要因により 2 組の 3 つの図形がそれぞれ左右にまとまるが，h のように上の 3 つの図形が動き出すと，同じ動きをする 3 つの図形がまとまって見え，静止した下の 3 つの図形から分離する）

図 2.2 **ルビンの壺**

図 2.3 **カニッツァの図形**

えるものを**図**，その背景を**地**といいます。私たちが物体を知覚する際にはその輪郭やかたちを抽出し，それを背景と分離する処理が必要となるわけです。これにより，今必要となる情報を浮き彫りにして正確に理解しようとします。

また，輪郭に沿った輝度や色の変化がないにもかかわらず，輪郭線が知覚される現象を**主観的輪郭**といいます。**図 2.3** はカニッツァの図形とよばれるものであり，実際には存在しない三角形が知覚されるでしょう。このとき，図形の内部と周囲の明るさが同一であるにもかかわらず，三角形が手前になるという手がかりによって周囲よりも明るく見えることが示されています。

2.2.2 錯　覚

図 2.4 を見てください。これは，矢羽根に挟まれた 2 つの線分（主線）が同じ長さであるにもかかわらず，外向きの矢羽根に挟まれた線分のほうが，矢羽根が内向きである線分に比べて長く見える錯覚で，**ミュラー・リヤー錯視**とよばれます。多くの人が一度は見たことがあるのではないでしょうか。知覚された対象の性質や関係が，物理的な刺激の性質と大きく異なることを**錯覚**といいます。錯覚は疲れや病的な状態とは関係なく，いつでも生じるものであり，その意味において刺激が存在しないときに生じる「幻覚」とはまったく異なります。錯覚がどのような条件や要因によって生じるのかを調べることで，正常な知覚のメカニズムの一端を明らかにできると考えられています。

錯覚は，錯視や錯聴などと，感覚ごとに異なるよばれ方をしています。錯覚

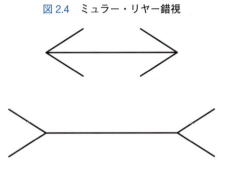

図 2.4　ミュラー・リヤー錯視

図 2.5 さまざまな錯視

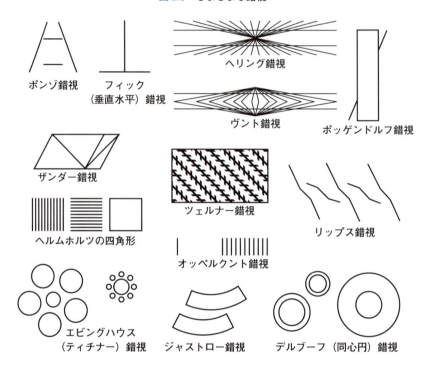

研究の中でも，錯視研究がもっとも盛んに行われており，ほとんどの錯視は1800年代末にヨーロッパでその原型が発見されていますが，近年でもまだまだ新しい錯視が発見されており，国内外の学会では錯視のコンテストが毎年行われています（視覚学会（Vision Sciences Society）や，日本基礎心理学会，日本認知心理学会など）。錯視では，線分の長さや傾き，図形の大きさや明るさなどが実際とは異なって知覚されます。図 2.5 を見てさまざまな錯視を体験してみましょう。

2.2.3 感覚知覚の相互作用

ここまでは，視覚や聴覚などのそれぞれの感覚について説明してきましたが，日常生活の中で私たちが物体を認識するとき，実際にはいずれかの感覚のみで

2.2 知覚のはたらき

物体をとらえることはめずらしく，複数の感覚から同時に情報を得ていることのほうが多いといえます。たとえば，休憩時間に入れたてのコーヒーを飲む場面をイメージしてみましょう。コーヒーからは湯気が立っているのが見えます。コーヒーカップを手に持つと，その温度や質感，コーヒーの香ばしい匂いを感じることができるでしょう。また，コーヒーを口にするとその風味が口の中いっぱいに広がると同時にその香りが鼻から抜け，コーヒーのおいしさを感じます。このように，日常的には複数の感覚がほぼ同時に作用しながら，それらが互いに影響し合い，対象を的確にとらえます。このように，複数の感覚を用いて対象を認識しようとすることをマルチモーダルな情報処理といいます。また，ある感覚情報が他の感覚情報に干渉して，感覚情報自体が変化する現象をクロスモーダルな情報処理といいます。

　では，どの感覚が優位なのでしょうか。たとえば，視覚と触覚からの両方の情報が利用可能である場面では，視覚が優位になることが多くの研究から示されています。同じ重さの2つの球を持ち上げる場合，目で見た直径が大きい球よりも小さい球のほうが重く感じられます。この錯覚はシャルパンティエ効果とよばれ，事前に重さが同じであることがわかっていても起こるといわれています。

　また，感覚間の相互作用について，有名な現象の一つにラバーハンド錯覚があります（Botvinick & Cohen, 1998）。図2.6 のように，実験参加者の手を偽物のゴムの手と並べて机に置いてもらい，実際の手が見えないように仕切りを置きます。そして，実験参加者にゴムの手を観察してもらいながら，実験者が実際の手とゴムの手を同時に同じタイミングで筆でなでます。この手続きをしばらく続けると，実験者がゴムの手をなでただけで，実験参加者は自分自身の手がなでられたように感じるようになります。この現象は，視覚刺激と触覚刺激の両方が同時に入力されることによって，自分の手ではないゴムの手に身体所有感が生じたためであると考えられています。

図 2.6　ラバーハンド錯覚

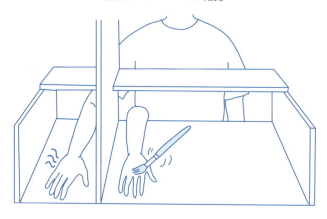

2.3　注　意

　電車での移動中，窓の外を眺めるとさまざまな景色が見えます。旅行に行ったときなど，見慣れない景色は長い時間でも飽きずに見ることができるでしょう。一方，毎日の通学，通勤の電車から見える景色は，よほどの変化がない限り，退屈なものかもしれません。その場合，目では景色を見ているものの，頭の中では「今日の昼食は何にしようか」「そういえば，来週レポートの提出があった」などと，違うことを考えていることも多いのではないでしょうか。また，考え事をしているときなどはついついうわの空になり，大切なことであっても見逃したり，聞き逃したりすることもあるはずです。このように，私たちは外部の情報すべてに意識を向けているわけではありません。絶えず入力される情報の中から，重要度の高いものを選び出し，処理しているといえます。このような機能を**注意**といいます。ここでは，注意について説明します。

2.3.1　選択的注意

　会場に多くの人がいる立食パーティのような騒がしい場面でも，私たちは，目の前にいる相手の声を聞き分けることができ，また遠くで自分の名前を呼ばれれば即座に反応することができます。これらの現象は**カクテルパーティ現象**とよばれており，自分自身にとって重要，あるいは必要な情報を選択的に処理

する注意（選択的注意）がはたらいているからであると考えられています。注意の容量には限界がありますが，私たちはこの機能をうまく使いながら日常生活を送っています。たとえば，車の運転をしながら助手席の友人と会話を楽しんでいる場合には，運転操作に関わるさまざまな情報と会話の両方に注意する必要があります。このように複数の対象に同時に注意を振り分けることを注意分割といいます。

　では，考え事などをしており，注意を向けずにただぼんやりと見たり，聞いたりしていた情報はどのように処理されているのでしょうか。これに関して，チェリー（Cherry, 1953）による両耳分離聴という有名な実験があります。この実験では，参加者に対して片耳ずつ異なる内容の音声情報が流れます。実験参加者には，一方の耳に入ってくる音声を無視して，もう一方の耳に流れる音声情報を同じように発声する（追唱）ように求めます。多くの場合，追唱は問題なく行うことができますが，無視したほうの耳にどのようなことが流されたのか，予告なしに報告を求めたところ，ほとんど思い出すことができませんでした。このように，同様に耳に入ってくる情報であっても，注意を向ける場合と注意を向けずに無視した場合とでは，その情報の保持に違いがあることがわかりました。注意を向けた情報については，内容を報告できるまで理解されていたといえます。ただし，音声情報が女性の声から男性の声に変わる，あるいは途中で内容に関係のない音が呈示された場合には，その変化に気づくことができました。つまり，無視した情報であってもまったく処理がなされていないというわけではないようです。

2.3.2　注意の制御——ストループ効果

　注意の制御を考える際に，ストループ効果という現象があります（Stroop, 1935）。ある特徴のみに注意を向けて，それ以外は無視しようとしても，不要な情報が自動的に処理されることで，注意に影響が生じる場合があります。これに関してストループ課題では，たとえば「あお」という文字が赤いインクで書かれているような，色の名前を異なる色のインクで書いた刺激が用いられます。実験参加者は，文字の意味を無視して文字が何色で書かれているかを，で

きるだけすばやく答えるという色命名課題を行いました。比較する条件では，四角形を上記と同じ色で塗ったものの色を答えるという課題を行いました。実験の結果，ことばを示す色とインクの色が一致している条件よりも，一致していない条件の反応時間が長くなることがわかりました。近年では，ストループ効果は注意制御だけでなく，実行機能の一つである行動の抑制を測る課題として使用されることもあります。

2.3.3 チェンジブラインドネス

　注意による弊害として，注意した対象以外が意識にのぼらないことがあります。その一つがチェンジブラインドネス（変化盲，あるいは変化の見落とし）です。有名な実験の一つに「見えないゴリラ実験」があります（Simons & Chabris, 1999）。この実験において，参加者はバスケットボールをしている動画を見せられ，たとえば白い服を着た人が何回ボールに触れたかを数えるように指示されます。ここで，バスケットボールとは何の関係もない，ゴリラの着ぐるみを着た人が画面を通り過ぎるのですが，実験参加者のほとんどはこのゴリラに気づきません。選択的注意がそれ以外の対象への注意を抑えてしまった結果だと解釈されます。シモンズとチャブリスのホームページではこの実験の動画が公開されています（https://www.theinvisiblegorilla.com/IGvideos.html）。

参 考 図 書

ファン・デル・スティッヘル，S. 清水 寛之・井上 智義（監訳）藤井 良江（訳）
　（2023）．知覚と注意の心理学　ニュートンプレス

復 習 問 題

1. 感覚にはどのような種類のものがあるか説明してください。
2. 図と地について説明してください。
3. 図 2.5 を見ながら，それぞれの錯視の特徴について説明してください。
4. ラバーハンド錯覚について説明してください。
5. 選択的注意について説明してください。

コラム 2.1　ベクション

　乗っている電車が駅のホームに止まり，窓から見える向かいの電車が出発し，動きだした途端，あたかも自分が乗っている電車が進みはじめたかのように錯覚したことはないでしょうか。これはトレインイリュージョンとよばれる現象で，ベクション（vection）の一例として考えられています。ベクションとは，停止している観察者の広域な視野に，一様な運動刺激を呈示したときに生じる，錯覚的な自己移動感覚を示します（妹尾・笹山，2023）。1875年，ドイツの心理学者マッハ（Mach, E.）が「桟橋から川を眺めると自分が動いて感じる」と記していることから，ベクションは古くから認識されていたことがわかります。日常的にも，ベクションは遊園地のアトラクションやアニメ，映画でもよく利用されており，エンターテインメントとして期待されている側面があります。近年では，VR（Virtual Reality）装置の発展や，Oculus や PlayStation VR などの普及により，強いベクションを手軽かつ人工的に体験できる環境が急速に整備されています。メタバース（インターネット上の仮想空間）の発達によって，自己移動感覚の上位互換としてベクションが用いられる時代がそこまできているのかもしれません。

コラム 2.2　ＡＳＭＲ

ASMR とは，Autonomous Sensory Meridian Response の頭文字をとったことばで，日本語では自律感覚絶頂反応と訳されています。特定の音響信号を聴くと，鳥肌が立つといった生理反応がみられたり，「リラックス」するという主観的な印象が得られたりすることが多いといわれています。YouTube などで ASMR と検索すると，散髪や耳かき，キーボードのタイピング音など，ASMR を引き起こすさまざまな動画が出てきます。たとえば，ささやき声に関する ASMR 動画を視聴した場合，人によっては実際に耳元でささやかれているような感覚が生じ，くすぐったさを感じます。個人差はあるようですが，「ゾクゾク」「ゾワゾワ」した感覚が生じ，それが耳だけでなく，首や肩といった他の身体部位にも伝わっていきます。ASMR が発見されて以降，この現象は多くの注目を集め，大手企業等は自社のコマーシャルなどのマーケティングにも活用しています。近年では，ASMR は研究対象となり，そのメカニズムや神経機構，応用可能性についていくつもの論文がすでに発表されています（仲谷ら，2023）。従来の研究から，ASMR で生じる「ゾクゾク」感はポジティブな情報と結びついていることが示唆されており，動画の視聴により簡単にウェルビーイング等を促進させる機能が期待されています。

第3章 学 習

　試験前，いまひとつ成績が伸び悩んでいるあなたは，友人から教えてもらった新しい勉強法を試してみることにしました。この勉強法が合っていて成績が上がったときには，今後もこの勉強法を活用することになります。一方で，この勉強法が自分に合わず，成績が以前よりも下がってしまった場合，この方法はやめてもとの勉強法に戻す，あるいは新しい勉強法を探すことになります。このように，私たちは，成功や失敗などのさまざまな出来事を経験することで，そのことを「学習」し，その後の行動を変化させることによって日常生活にうまく適応しているといえるでしょう。

　心理学において，学習は比較的初期の段階から研究が行われてきました。学習は，「活動とか特殊な訓練あるいは観察の結果として生じた，多少とも永続的な行動の変容」（山内・春木，2001）といわれています。この章では，学習に関するさまざまな概念や理論を紹介します。

3.1 学 習

3.1.1 行動主義

　20世紀初頭，心理学の対象は目に見えない「心」ではなく行動にあるという考え方，すなわち行動主義（behaviorism，あるいは behavior theory）が提唱され，これが学習心理学の基礎となっています（第1章参照）。行動主義は，ワトソン（Watson, J. B.）にはじまり，トールマン（Tolman, E. C.）やスキナー（Skinner, B. F.）がさらに発展させました。行動主義と深く結びつく S-R 理論では，生活体の行動は刺激（stimulus; S）に対してどのような反応（response; R）が行われるかという，刺激と反応の関係で説明できると考えられています。

3.1.2 生得的行動

　行動主義では，何らかのかたちで生物的に，遺伝的に，生まれつき生体に備わった行動である生得的行動を基本として考えています。私たちは環境内におけるさまざまな刺激を受容し，それに対して適切な反応をしています。ただし，ある刺激に対していつも同じ反応が起こるわけではありません。たとえば，隣の部屋から突然大きな音が聞こえてきたら，私たちはその音に注意を向け，不安に感じることもあります。このように，生体にとってきわめて大きな刺激を感知した場合には，生得的な反応の強度が増大する現象を鋭敏化といいます。一方で，大きな音が何度も繰り返されると，次第にその音に慣れ，気にならなくなることでしょう。このように刺激に対する生得的な反応の強度が減少することを馴化といいます。

3.1.3 インプリンティング

　あらゆる学習がいつ，どのようなときでも可能かといわれると，必ずしもそうではありません。学習によっては，ある特定の時期に限定されていたり，もっとも適切であったりする時期が存在します。この時期を臨界期といいます。この代表例として，動物行動学者のローレンツ（Lorenz, K. Z.）はインプリンティング（刷り込み）について研究を行いました。インプリンティングとは，卵から孵化した後すぐに移動ができる鳥類（たとえば，ニワトリ）において，孵化直後に出会った適度な大きさの動く物体に対して愛着が形成される現象です。一般的に，ヒナが孵化直後に目にするのは親鳥であることから，親鳥がインプリンティングされ，ヒナは親鳥に後追い行動などをするようになります。興味深いことに，孵化直後に人間を見た場合には，ヒナはその人間について愛着行動をとるようになります。ローレンツ自身も一羽のヒナの親鳥代わりになった経験を著書『ソロモンの指環——動物行動学入門——』の中で詳細に述べています。

3.2 古典的条件づけ

3.2.1 古典的条件づけの基礎

ロシアの生理学者パブロフ（Pavlov, I. P.）は，イヌを対象とした唾液の研究をしている際に，餌を運ぶときの食器の音や足音でイヌの唾液分泌が起こることに疑問を感じ，なぜそのようなことが起こるのかについて研究を行いました。パブロフは，イヌにメトロノームの音を聞かせ，それに続いて食物を口に入れるという手続きを繰り返しました（図3.1）。このとき，食物を与えると，唾液が分泌されるのは当然（無条件で起こり得る）のことであるため，ここでの食物を**無条件刺激**（unconditional stimulus; US），唾液を**無条件反応**（unconditional response; UR）とよびます。この手続きを続けると，メトロノームの音が鳴るだけで，イヌは食物が与えられると予測し，唾液が分泌されるようになったのです。ここでのメトロノームの音を**条件刺激**（conditional stimulus; CS），メトロノームによって分泌された唾液を**条件反応**（conditional response; CR）とよびます。このように刺激と反応の間に新しい結びつきが形成される現象が**古典的条件づけ**です。

3.2.2 般化と弁別

古典的条件づけが成立したイヌに対して，音色の異なる別のメトロノームを

図3.1 古典的条件づけの実験の様子

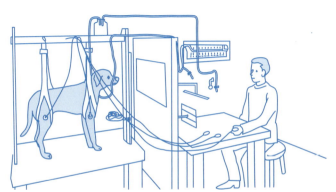

聞かせた場合にはどのような反応がみられるでしょうか。条件刺激に類似している刺激が呈示された場合でも，ある程度の条件反応を誘発することが知られています。これを般化といいます。有名な例として，ワトソンが行った「アルバート坊やの実験」というものがあります。これは，アルバートという名の幼児に白ネズミへの恐怖を植えつけたものです。ワトソンは，金属の激しい乱打音を無条件刺激，白ネズミを条件刺激としてアルバートに繰返し呈示することによって，恐怖反応を条件づけました。これにより，アルバートは白ネズミを見ると，恐怖反応が生じるようになりました。その後，白ネズミだけでなく，ウサギや毛皮，サンタクロースのお面にも程度は異なるものの恐怖反応がみられるようになったのです。このことは白ネズミの恐怖反応が他の刺激にも般化したと考えられています。

　私たちに危害を与えるかもしれない刺激に関しては，たとえ類似するものであったとしても，敏感に反応することが重要です。その一方で，敏感すぎることは必ずしも良いことばかりではありません。時にはその刺激が条件づけられた刺激とは確かに異なるものであることを正確に区別することも必要です。このように，複数の条件刺激を区別できる場合には，般化は生じず，刺激に対してそれぞれに異なる反応が対応して結びつきます。このことは弁別とよばれます。

3.2.3　古典的条件づけの消去

　一度古典的条件づけが成立すると，以後ずっとそのままの状態が持続されるのでしょうか。無条件刺激を伴わずに条件刺激だけが繰り返されると，その条件刺激は次第に特定の行動を誘発する効力を失っていき，最終的にはまったく生じなくなってしまいます。これを消去といいます。パブロフの実験でいうと，メトロノームの音だけが呈示され，食物は呈示されないという状況です。この状況が続くと，音が鳴ったとしても食物が呈示されなくなったことを学習し，唾液分泌は消失していきます。

　しかし，先ほどのアルバート坊やの実験のように，恐怖を伴うネガティブな反応は，時間の経過だけでは完全に取り除くことがむずかしい場合があります。

この場合，条件刺激となっているものに別の条件づけを上書きするといった方法がとられることがあります。たとえば，アルバート坊やの実験でいえば，白ウサギを見せるたびに，好きな音楽やお菓子を呈示するなど，ポジティブな条件刺激を用いて条件づけを上書きすることが有用かもしれません。このような手続きは，拮抗条件づけとして後の行動療法などに応用されていきます（第12章参照）。

3.3 オペラント条件づけ

3.3.1 オペラント条件づけの基礎

　私たちの日常的な行動は，すべての刺激に対して自動的・受動的に反応するものばかりではありません。友人と話す，買い物に行く，勉強するといったこともすべて自らが意図して行う自発的・能動的な行動であるといえます。このような行動をオペラント行動といいます。オペラント行動によって環境に変化が生じた結果，その行動の出現頻度等が変化する学習の過程をオペラント条件づけとよびます。オペラント条件づけに関する研究では，スキナーが考案したスキナー箱を用いて，ラット等の動物の行動を観察する実験が行われてきました（図3.2）。典型的なスキナー箱は，レバーを押すと餌が出るように制御されています。箱に入れられた直後の動物は試行錯誤的に行動しますが，動物がレバーに触れた際に，餌を呈示することを繰り返すと，自発的にレバーを押し

図 3.2　スキナー箱

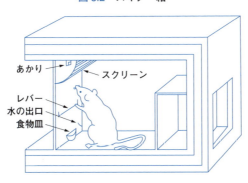

第3章 学　習

図3.3　オペラント条件づけの強化子の種類と操作

	強化（行動が増加）	弱化（行動が減少）
正（刺激の呈示）	ほめることで勉強するようになる	叱ることで授業中の私語がなくなる
負（刺激の除去）	叱るのをやめることで勉強するようになる	反応しないことで授業中の私語がなくなる

て，餌を得るようになります。スキナーは，ここでのレバーを先行条件（弁別刺激），レバー押しを自発反応，餌を結果（強化子）としてとらえ，これらの3つの要素からなる関係を三項随伴性とよびました。

　行動の生起頻度を高め持続させる手続きを強化といいますが，学習には行動の頻度を抑制する弱化（罰）もあります（図3.3）。また，強化と弱化には，正（刺激の呈示，例：ほめる）と負（刺激の除去，例：叱るのをやめる）の2つの方法があります。これらの強化と弱化，正負の組合せによって（正の強化，例：ほめることで勉強するようになる），行動の生起頻度を変化させることができます。

3.3.2　試行錯誤学習と効果の法則

　正の強化子を報酬としてとらえ，報酬により反応を強化する訓練を報酬訓練といいます。オペラント条件づけの研究者であるソーンダイク（Thorndike, E. L.）は，問題箱を用いた試行錯誤学習をもとに報酬訓練の研究を行いました。この実験では，空腹のネコを図3.4左のような仕掛け箱に入れ，箱の外には餌を置きます。箱に入れられたネコは外に出て餌を食べるために，やみくもにいろいろなレバーを押すなど試行錯誤的な行動を行い，偶然ひもを引っ張ると，扉の留め金がはずれるという正解の手順を踏むことにより，外に出ることができます。この経験を繰り返すと，ネコは次第に手順を覚え，脱出までの時間が短くなりました（図3.4右）。このように，満足を伴う行動は，他の条件が等しければその状況によりしっかりと結びつき，その状況が再び起こったときにより生じやすくなります。これを効果の法則とよびます。

図 3.4 ソーンダイクによるネコの問題箱と脱出時間

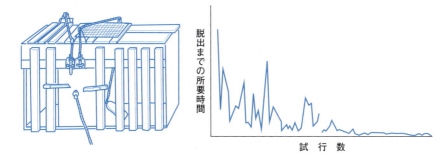

3.4 技能学習

3.4.1 学習曲線

　私たち人間にはさまざまな能力がありますが，その中でも技能学習は日常生活を送る上で，不可欠なものであるといえます。たとえば，食事の場面において，箸やスプーン，茶碗や湯呑みなどの食器を適切に扱う能力も技能学習の一つです。それだけでなく，スポーツ競技でのボールの取扱い，楽器の演奏，自動車の運転など，私たちはさまざまな技能学習を日々巧みに行っています。

　一般的に，技能学習は練習の回数に比例して達成されていきます。たとえば，ピーターソン（Peterson, 1917）による研究では，ボールをキャッチするという課題における200回のうちの失敗の数と，失敗なしに連続キャッチできる回数を調べました（図 3.5）。これによると，試行数を重ねるに従い，失敗数は減少し，その一方で連続キャッチ数は増加しています。このような練習試行に伴う成績の変化を示すグラフを学習曲線といいます。学習曲線からはさまざまなことが読みとれます。たとえば，この曲線では途中で大きな変化が少ない時期（図中のP）がみられます。これは高原（プラトー）現象とよばれます。しかしながら，この状態は永遠に続くわけではなく，その後に急速に上昇する時期が訪れ，それ以後，高原現象と交互に生起します。つまり，たとえ不調に陥ったとしても，やめずに努力し続けることにより，何らかの突破口が開かれ，以前よりも学習の成果が高まることがあるのです。

　また，単に反復練習をすればすぐに成績が上がるというわけではなく，今

図 3.5　ボールをキャッチする技能の学習曲線 (Peterson, 1917)

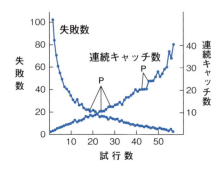

行った練習の結果が適切であったのかどうかを確認することが重要なのは言うまでもありません。この結果の確認を**結果の知識**，または**フィードバック**といい，その内容が正しくないと，かえって成績が悪くなることが示されています。

3.4.2　技能の転移

　練習して得られた技能は，他の場面にも影響を及ぼすと考えられています。たとえば，ギターを弾ける人は，ベースギターの学習が容易でしょうし，スケートができる人は，スキーやスノーボードの技能獲得が有利であると考えられます。技能の学習はその特定の技能修得だけでなく，類似する技能の学習にも影響を及ぼすといえるでしょう。このことを**転移**とよびます。上記で示したように，ある技能学習が他の学習について促進的な効果をもつ場合には**正の転移**といい，その反対に，ある学習がその後の学習に妨害的な影響をもつ場合には**負の転移**といいます。たとえば，スマートフォンのOSをアップデートした際に，新しいバージョンのOSでは操作系が異なるため，簡単な操作であっても時間がかかってしまうといった場合には，負の転移が生じているといえます。

　他の技能学習の転移に関して，右手で学習したことが左手の学習に影響したり，手で学習したことが足の学習に影響したりするといった，ある筋肉系の学習が他の筋肉系の学習を促進することも知られています。このように人間の身体の軸を境にして，左右間で効果の波及が生じる現象を**両側性転移**といいます。両側性転移を扱った代表的な研究では，図 3.6 のような機材を使用した鏡映描

図 3.6　鏡映描写器

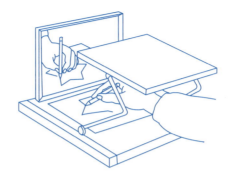

写という実験が行われました。たとえば，図のように星型の図形を鏡に映し，それを見ながら鉛筆を使って星型をなぞっていきます。鏡の中の映像は左右が反転しているため，日常的な感覚とは異なり，最初は非常に戸惑うことでしょう。しかしながら，試行を重ねていくと次第に鉛筆の動かし方を学習し，星をなぞる時間が短くなり，失敗が減っていきます。実験では，最初に右手で練習した後，何もしないで休む群，左手で練習する群，再度右手で練習する群に分かれ，最後にまたどの群も右手で練習し，その際の所要時間を測定しました。その結果，ずっと右手で練習してきた群は当然ながらもっとも所要時間が短いのですが，興味深いことに，左手で練習した群は，何も練習しなかった群よりも時間が短くなったのです。このことは，左手の練習の成果が右手に転移したと考えられています。

3.5　社会的学習

　学習場面では，一人で机に向かってコツコツと勉強するばかりではなく，他者のさまざまな体験を見聞きすることも重要です。このことを**代理経験**といい，代理経験による学習を**社会的学習**といいます。ここでの「社会的」とは他者を介することを意味しています。たとえば，プロサッカー選手の巧みなプレイを見て，選手の行動のパターンをまねたり，なぞったりすることによって行為者の学習が促進されることがあります。この場合のプロサッカー選手が他者にあ

たり，社会的学習では**モデル**といいます。モデルは何らかの手本を示す存在であり，モデルと同じ行動をすることができるようになることが社会的学習の基本です。

社会的学習による習得は，2つの段階に分けて考えることができます。最初は手本を観察する段階で，次はそれを実行し，手本と一致すれば強化を受けて修正する段階です。前者のみで学習が成立する場合をとくに**観察学習**，後者に重点が置かれる場合をとくに**模倣学習**とよびます。

観察学習を取り扱った有名な研究として，バンデューラら（Bandura et al., 1963）の研究があります（図3.7）。この実験では，大人のモデルが風船の人形に対して乱暴な行動をする動画（図3.7 (1)）を見た子どもは，その後，同じ状況下でモデルと同じ行動をするかどうかが検討されました。その結果，実物，同じ内容の映像やマンガのいずれのモデルを観察した場合にも，モデルを観察しなかった場合に比べて，攻撃行動を示す確率が高くなったことがわかりました（図3.7 (2)(3)）。つまり，子どもはモデルの行動を観察しただけで，モデルと同じ行動をする頻度が高くなったという意味において，観察学習が成

図3.7　**攻撃行動の観察学習の例**（Bandura et al., 1963）

コラム 3.1　迷信行動と条件づけ

　一般的に，迷信とは，道理に合わず合理的な根拠を欠いている言い伝えなどをかたくなに信じることである，といわれます。迷信は「夜に口笛を吹くとヘビ（地域によってはお化け）が出る」「夜間に火遊びをするとおねしょをする」といった類いのもので，中にはまれに科学的な根拠があるものも混在しているようですが，大半はその根拠が希薄であるといわれています（小野，2005）。多くの場合，ある行動をすると，ある現象が偶然に生起したことがきっかけとなっているようです。本来は，その行動と原因に因果関係がないにもかかわらず，本人はその行動があたかも原因であったと思い込み，行動回数を増やす，あるいは減らすようになります。

　スキナーは，このような迷信行動は，オペラント条件づけの原理によって説明することが可能だと考えています。実際に，空腹のハトを実験箱に入れて，15秒ごとに餌を出すという実験を行います。そこでハトが何をしたかはいっさい関係ありません。しかしながら，ハトは餌が出るたびに頭を上げたり，実験箱の中を一回りするといった行動をとるようになります。それらの行動をしたとき，たまたま15秒の周期が訪れ，餌が出現したとします。そうすると，ハトはその行動を餌が出てくる原因だと考え，それらの行動を増加させます。この実験のように，偶然行った行動にたまたま良い結果が呈示された場合にもその行動は増加してしまうのです。先に述べたように，迷信行動には明確な科学的根拠はないのですが，「あのような行動をとったから良い結果になった（あるいは危険なことが起きなかった）」と信じている限り，実際にはその行動を止めることはむずかしいのかもしれません。

立したとみなしています。

　さらに，バンデューラらはモデルが強化を受けている場合についても検討しています。具体的には，先ほどの実験と同じ状況で大人が攻撃行動を行った後に，別の大人が登場し，その大人に報酬を与える条件，大人が叱られる条件，大人が攻撃行動をするのみで別の大人は登場しない条件が設定されました。そのいずれかを子どもに観察させ，その後の子どもの攻撃行動を測定しました。その結果，大人が叱られているのを観察した子どもは他の条件と比較して，攻撃行動が少ないことが示されました。このことは代理強化よばれます。

コラム 3.2　動物心理学

　本章では，学習心理学の基礎を説明するために，いくつかの動物を対象とした実験を取り上げました。その大半が古典的なものでしたが，動物の心を扱う**動物心理学**は現在も盛んに研究が行われ，多くの論文が毎年発表されています。その関心の一つは，動物がどこまで人間と同じ認知システムをもっているか，という点にあります。たとえば，第4章で取り上げる記憶についても，動物を対象とした研究が行われています（実森・中島，2019）。従来の研究では，イヌやハトなどを対象に，これらの動物が人間と類似した短期記憶，長期記憶の能力を保持していることが示されています。中でも，時間や場所が特定された出来事の記憶であるエピソード記憶は，長い間，人間固有のものであると考えられてきました。しかしながら，近年の研究では，一部の鳥類などはエピソード記憶を保有している可能性が実験的にも検証されています。カケスなどの鳥類は，木の実の豊富な季節に木の実を数千カ所に隠し，半年以上経ってから，餌が乏しい冬になるとその実を掘り起こして食べます。このような行動をみると，「木の実をあの場所に隠した」というエピソード記憶をカケスが保持しているかのように考えることができます。この他，高次なメタ記憶も一部の動物が保持しているとの指摘もあり，今後の展開が期待されています。

参 考 図 書

ローレンツ，K.　日高　敏隆（訳）（1963）．ソロモンの指環――動物行動学入門――
　　早川書房

山内　光哉・春木　豊（編著）（2001）．グラフィック学習心理学――行動と認知――
　　サイエンス社

復 習 問 題

1. 日常生活における古典的条件づけの具体例について説明してください。
2. 日常生活におけるオペラント条件づけの具体例について説明してください。
3. 正負の転移の具体例についてそれぞれ説明してください。
4. 観察学習の実験およびその結果について説明してください。

第4章 記憶

　学校で試験結果が返却されたときのことを思い返してみてください。誰もが一度は「もう少し記憶力が良かったら……」と考えたことがあるはずです。一般的に，学校における試験では，英単語や歴史上の人物，数学の公式など，さまざまな必要事項をどれだけ覚えたかが重要であり，それが直接的に学業成績に影響します。すなわち，記憶は学習活動を支える中心的な役割を担っているといえるでしょう。これほど大切な精神機能であるにもかかわらず，私たちは記憶についてどこまで知っているでしょうか。たとえば，いつも覚える際には，繰り返して声に出して読み上げている人や，短期集中で一度にまとめて覚えている，という人はいないでしょうか。後で述べますが，これらは必ずしも有効な方法とはいえず，他の方法を用いることでさらに記憶力を高めることができるかもしれません。

　それだけでなく，日常生活をみると，友人との約束をうっかり忘れたり，突然ふいに過去のことが思い出されたり，知っているはずの人の名前が思い出せなかったり，記憶をめぐる不思議な現象はたくさんありそうです。記憶とは，どのような仕組みの上に成り立っているのでしょうか。心理学では100年以上にわたり記憶のメカニズムが検討されてきました。この章では，記憶に関する心理学の基礎的な知見として，その測定法や主要なモデル，記憶の種類，記憶方略（覚え方や思い出し方）などについて解説します。

4.1　記憶の測定法と過程

4.1.1　記憶の測定法

　記憶の測定法には，大きく分けて主に**再生法**と**再認法**があります。再生法とは，何らかの物事を学習した後に，それらを口頭や筆記によって直接答える方法です。覚えた順番どおりに再生する場合を系列再生（または順序再生），順不同に再生する場合を自由再生とよびます。一方，再認法とは以前に覚えた物事を，見た（経験した）かどうか判断する方法です。通常は，覚える段階で呈

示した単語と新たな単語を混ぜ合わせたリストを作成して，思い出す段階でそれを呈示し，以前の単語と新たな単語を区別させるという手続きがとられます。一般的なテストの場面でいえば，再生法はいわゆる「記述式問題（例：Psychology の日本語訳を答えなさい）」に該当し，再認法はいわゆる「選択式問題（例：次の文が正しければ○を，まちがっていれば×で答えなさい。『Psychology の日本語訳は心理学である』）」に該当します。

4.1.2　記憶の過程

　私たちの記憶は，情報を取り入れる「覚える」過程，情報を保持し続ける「覚えておく」過程，情報を取り出して利用する「思い出す」過程の3つから成り立っています。これらの過程はそれぞれに「記銘」「保持」「想起」，あるいは，「符号化」「貯蔵」「検索」とよばれます。たとえば，英単語の意味を覚える場合には，単語帳を見てその単語の綴りと意味を記銘（符号化）し，それを頭の中で保持（貯蔵）し，そして英単語を見たときにその意味を想起（検索）する過程が存在することになります。

4.2　記憶の種類

4.2.1　記憶のモデル

　一般的に，人間の記憶は，覚えておくことができる時間（保持時間）の違いによって感覚記憶，短期記憶（ワーキングメモリ），長期記憶の3つに区分されます。このような質的に異なる3種類の記憶を区分する理論は，多重貯蔵庫モデルとよばれ，広く支持されています（Atkinson & Shiffrin, 1968；図4.1）。多重貯蔵庫モデルでは，感覚器官から入力された情報が記銘され，保持されていく過程を次のように説明します。まず，五感を通して入力された情報は，ほぼそのままのかたちで感覚記憶として保持されます。感覚記憶の保持時間は，視覚刺激では1秒以内，聴覚刺激では5秒以内といわれています。それらの中から注意を向けたもののみが短期記憶に入ります。短期記憶では，頭の中で，あるいは実際に声を出して繰返し唱えることなどによって情報が保持されます。

図 4.1　**多重貯蔵庫モデル**（Atkinson & Shiffrin, 1968 をもとに作成）

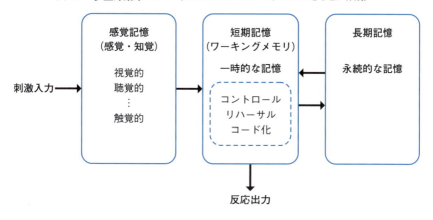

図 4.2　**系列位置効果の実験結果**（Glanzer & Cunitz, 1966）

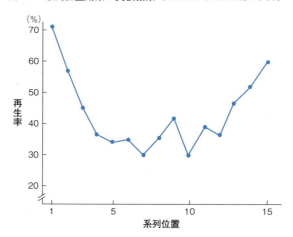

その中でさらに情報が選択，符号化され，必要に応じてその一部だけが長期記憶に入ることになります。

　多重貯蔵庫モデルはグランツァーとクニッツ（Glanzer & Cunitz, 1966）の実験によってその根拠が示されています（図 4.2）。実験は，参加者に 10 語から 15 語程度の単語を 1 つずつ呈示し，覚えてもらい，すべての単語が呈示され終わった直後に自由に再生させるという方法によって行われました。その結果，

記銘させた単語リストの最初と最後の数語の再生率が高くなりました。このような現象を**系列位置効果**とよびます。この結果について，リストの終わりのほうの単語の成績が高いのは短期記憶内にまだその情報が保持されているからであり，リストのはじめのほうの単語の成績が高いのは，何度もその情報を頭の中で繰返し唱えたりすることによって，すでに短期記憶から長期記憶へと情報が転送されているからと解釈されています。

　以下では，短期記憶と長期記憶について，もう少し詳しくみていきましょう。

4.2.2　短期記憶

　感覚記憶から転送された情報のうち，数十秒程度一時的に保持される記憶を**短期記憶**とよびます。短期記憶の容量には限界があり，個人差はあるものの，その数は成人で 7±2 であるといわれています（Miller, 1956）。これは通称**マジカルナンバー7**とよばれており，ここで示されている数字の意味は個数そのものではなく，**チャンク**とよばれる意味ある情報のまとまりの個数を示しています。たとえば，「psychology」という単語を知っている人にとってその情報のチャンク数は1ですが，それを知らない人にとってその情報のチャンク数は文字数分である 10 にまで及びます。

4.2.3　ワーキングメモリ

　私たちが，計算や会話，あるいは読書といった日常的な行動を行う場合，何かを覚えながら作業をすることがほとんどです。たとえば，「58×67」のような繰上りのある暗算を行う場合には，繰上り数を記憶内に一時的に保持しながら，同時に計算を行う必要があります。このように，外界から入力された情報に対して，保持と同時に処理を行う機能をもったシステムを**ワーキングメモリ**といいます（図 4.3）。近年では，短期記憶をアップデートした概念としてワーキングメモリが広く受け入れられています（Baddeley & Hitch, 1974）。

　ワーキングメモリも短期記憶と同様に，容量の限界があります。容量を測定するための検査の一つとして，リーディングスパンテストがあります（Daneman & Carpenter, 1980）。このテストの日本語版（苧阪・苧阪，1994）

4.2 記憶の種類

図 4.3 ワーキングメモリのモデル (Baddeley, 2000 をもとに作成)

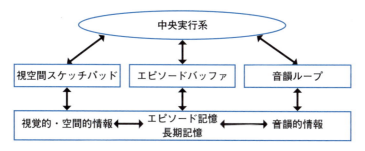

では，たとえば「弟の健二がまぶしそうに目を動かしながら尋ねました。」といった文をいくつか音読させながら，下線が引いてある単語を覚えさせ，すべての文を読み終えた後で，下線の単語を報告させるという手続きがとられます。一度に呈示される文の数は 2～5 文までであり，3 文が呈示された際に 3 つの単語を報告できると 3 点とカウントされます。その結果，大学生の平均点が 3.45 であることが報告されています。

4.2.4 長期記憶

一般的に，加齢等の影響により記憶力は低下することが知られていますが，数年前の出来事を忘れることがあったとしても，自分の名前や生年月日を忘れることはほとんどありません。このことから，記憶にはいくつかの種類があると考えることができます。短期記憶，ワーキングメモリから転送された情報は**長期記憶**として半永久的に貯蔵されますが，膨大な量であるため，その情報の質によっていくつかに区分されています。ここでは，長期記憶の中をさらに詳細に解説していきます。

長期記憶は，まず**手続き的記憶**と**宣言的記憶**に分けられます（図 4.4）。このうち，手続き的記憶は，ことばによって表現することが困難なもので，たとえば，自動車の運転の方法や泳ぎ方などのように何かを行う手続きに関する記憶を指します。それに対して，もう一つの宣言的記憶は，ことばによって表現可能な事実に関する記憶です。宣言的記憶は，さらに**エピソード記憶**と**意味記憶**とに分類されます。エピソード記憶とは「昨日学校で友人と一緒に昼食を食

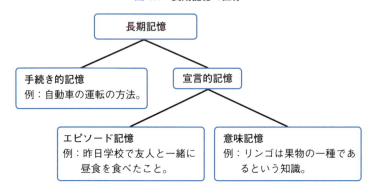

図 4.4 長期記憶の区分

べたこと」のような，「いつ」「どこで」といった情報を伴う出来事の記憶です。意味記憶とは「リンゴは果物の一種である」といった一般的知識に関する記憶を指します。

　また，エピソード記憶の中でも，中学校の卒業式，少年野球の試合で優勝した日のこと，はじめて恋人ができた日のことなど，とりわけ自己にとって重要な意味をもつ過去の出来事の記憶は**自伝的記憶**とよばれます。たとえば，みなさんがこれまでの人生の中でもっとも印象に残っている出来事を1つ思い出してみてください。それはいつの出来事でしょうか。従来の自伝的記憶の研究では，どの時期の出来事も均等に思い出されるわけではなく，最近の出来事を除くと，分布には主に2つの特徴（図4.5）がみられます（槙・仲，2006; Rubin & Schulkind, 1997）。第1の特徴は0歳から3～4歳までの記憶の量が非常に乏しい点であり，これは幼児期健忘とよばれます。第2の特徴は10歳から30歳までの出来事が多く想起される点であり，これは**レミニセンス・バンプ**とよばれています。レミニセンス・バンプはアイデンティティ（第7章参照）が確立される時期と対応しており，この時期の自伝的記憶はアイデンティティを支えるために優先的に保持されやすいことが原因の一つであると考えられています。

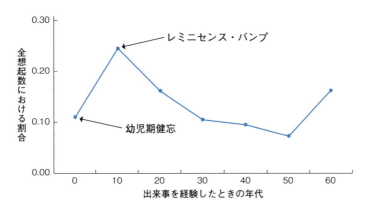

図 4.5　**自伝的記憶の分布**（槙・仲，2006 をもとに作成）

4.2.5　長期記憶の構造

　ほぼ半永久的に保持される長期記憶は，私たちの頭の中でどのように整理されているのでしょうか。コリンズとロフタス（Collins & Loftus, 1975）は意味記憶の構造を示すモデルとして，**意味ネットワークモデル**を提案しています（図 4.6）。このモデルでは，各概念（例：トラック，バス）はノードとして表され，概念間の関係はリンクとして表現されています。また，概念だけでなく属性（例：乗り物）も 1 つのノードで表され，意味的に関連性のある概念や属性同士がリンクで結びつけられたネットワーク構造をなしています。

　意味ネットワークモデルにおける重要な考え方として，**活性化拡散**というものがあります。活性化拡散とは，意味ネットワークモデルにおいてある概念が処理されると，その概念それ自体が活性化されるだけでなく，それとリンクのつながった関連のある他の概念にも活性化が伝わり，連想が広がることを意味します。活性化拡散に関する実験では，実験参加者に文字列を 2 つ続けて呈示し，それらが単語であるかどうかの判断を求めました（Meyer & Schvaneveldt, 1971）。その結果，2 つの単語に意味的な関連があるほうが，そうでない場合よりも，2 番目に呈示される文字列についての判断が速くなりました。この結果を図 4.6 に基づいて解釈すると，「サクランボ」「ミカン」のように関連のある語を続けて呈示する場合では，「サクランボ」が処理されたときに，活性化拡散によって「ミカン」にも活性化が波及されると考えます。その後，「ミカ

図 4.6　意味ネットワークモデル（Collins & Loftus, 1975 をもとに作成）

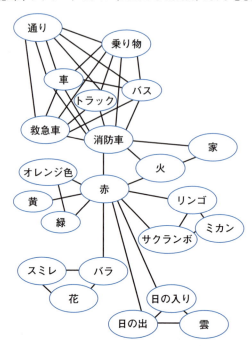

ン」の単語判断が行われた場合には，すでに活性化水準が高まっているために，判断の時間が短くなるのです。一方，「時計」「ミカン」のような関連のない語が続けて呈示される場合では，活性化拡散が後続の単語に及ばず，活性化水準が事前に高まることはありません。その結果，関連のある語が続けて呈示される場合よりも，関連のない語が続けて呈示される場合のほうが判断に要する時間が短くなるのです。

4.3　記憶方略

　冒頭で述べたように，「もう少し記憶力が良かったら……」という願望は，少々大げさですが，私たちの永遠の願いのように思われます。これまでの心理学研究から，覚えるときや思い出すときに何らかの工夫を施すことが効果的であることがわかっています。ここではこれらの知見に基づき，有効な記憶方略

について紹介していきます。

4.3.1 リハーサル

　記銘した情報を忘れないために，頭の中でその情報を何度も繰返し唱えることをリハーサルといいます。リハーサルを行えば，情報を短期記憶（ワーキングメモリ）内に保持し続けることができ，その情報は長期記憶内に転送される確率が高くなります。

　リハーサルには，覚えるべき事柄を単純に繰り返す維持リハーサルの他に，意味の関連を積極的に考えたり，イメージ化したりする精緻化リハーサルがあります。これらのうち，どちらかといえば精緻化リハーサルのほうが情報を長期記憶に転送するためには重要であると考えられています。たとえば，バウアーとクラーク（Bower & Clark, 1969）は，2つのグループに単語のリストを覚えるように求めました。一つのグループには，単語と単語を結びつけて文を作り，さらに文と文を連ねてストーリーを構成するように教示しました。もう一つのグループには，こうした教示は与えずに，できるだけたくさん単語を覚えるように教示しました。実験の結果，ストーリーを構成する教示を与えたグループのほうがそうではないグループよりも記憶成績が高くなりました。この結果は，精緻化リハーサルの有効性を示唆しているといえます。

4.3.2 処理水準効果

　クレイクとロックハート（Craik & Lockhart, 1972）は，人間の情報処理には知覚的処理（たとえば，漢字刺激の場合，形や読み方，複雑さ，字面など）のような「浅い」水準から意味処理（たとえば，漢字刺激の場合，その漢字の意味を考えること）のような「深い」水準までの処理の水準が存在し，物事を覚える際にこの水準が深くなればなるほど，記憶が良くなると考えました。実験において，クレイクとタルヴィング（Craik & Tulving, 1975）は，実験参加者に単語を1つずつ見せ，それについてさまざまな質問をした後，予告なしにそれらの単語のテストを行いました。質問は，その単語が大文字で書かれているかどうか（形態処理），同じ音韻であるかどうか（音韻処理），「街で〜に会っ

図 4.7 処理水準効果に関する実験結果（Craik & Tulving, 1975 をもとに作成）

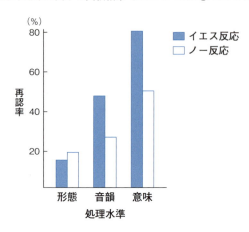

た」の「〜」にその単語があてはまるかどうか（意味処理）の3パターンでした。どの質問であっても，参加者は「はい」か「いいえ」で答えるように求められました。実験の結果，テストの成績は形態処理よりも音韻処理をさせたほうが良くなり，さらに音韻処理よりも意味処理を行わせたほうが良くなりました（図 4.7）。このように，記銘時に「深い」処理を行うほど，記憶成績が良くなることを**処理水準効果**といいます。またその後の研究では，覚えるべき対象を自分自身と関連づける処理が意味処理よりもさらに有効であること（自己関連づけ効果）が報告されています（Rogers et al., 1977）。加えて，覚えるべき対象が無人島などのサバイバル場面で役に立つかどうかを判断させる処理が，意味や自己処理よりもさらに記憶成績を高めることが示唆されており，**サバイバル効果**として注目を集めています（Nairne et al., 2007）。

4.3.3 文脈依存記憶

　記憶の成績は，覚えるときの状況と思い出すときの状況が似ていれば似ているほど良くなります。こうした考え方を**符号化特定性原理**とよびます。この原理の妥当性を調べたガッデンとバドリー（Godden & Baddeley, 1975）によるユニークな研究があります。彼らは，スキューバダイビングクラブの学生を対

4.3 記憶方略　　　　　　　　　　　　49

図 4.8 文脈依存記憶に関する実験状況のイメージ
（Godden & Baddeley, 1975 をもとに作成）

図 4.9 文脈依存記憶に関する実験結果
（Godden & Baddeley, 1975 をもとに作成）

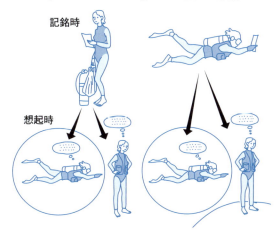
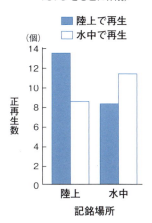

象に，水中または陸上で単語のリストを記銘および想起させました（図 4.8）。その結果，記銘時と想起時の環境が一致している条件のほうが一致していない条件よりも記憶成績が良いことが明らかになりました（図 4.9）。このように，記銘時と想起時の文脈の一致・不一致によって記憶成績が変わるという現象は**文脈依存記憶**とよばれています。

4.3.4 分散学習と集中学習

　ある事柄を同じ回数学習する場合，短期集中で連続して繰り返す集中学習よりも，時間を空けて繰り返す分散学習のほうがより効果的であることがわかっています。この現象は**分散効果**とよばれ，比較的生じやすい現象として知られています。分散効果の説明には，さまざまなものがありますが，符号化が時間の経過とともに変動することに注目した説があります。そこでは，時間間隔を空けることによって符号化が変動し，その変動によって検索手がかりが増えると解釈されています（Madigan, 1969）。

4.3.5 テスト効果

同じ時間内であれば，ある情報を単に見たり書いたりするよりも，その情報を思い出すことが，結果的に後の記憶成績を高めることが報告されています（Roediger & Karpicke, 2006）。これを**テスト効果**とよびます。テスト効果の実験では，文章を用いて，1回5分の熟読を4回繰り返す条件（SSSS），3回の熟読と1回のテストを組み合わせる条件（SSST），1回だけの熟読と3回のテストを組み合わせる条件（STTT）を設定しました。1週間後に行ったテストでは，文章を熟読するだけよりもテストを多く実施したほうが記憶成績が良くなることが示されたのです（図 4.10）。

ここまで示したように，記憶方略にはさまざまなものがありますが，一貫していえることは，当然ながら心的負荷の高い方略のほうが効果が高い，ということです。本屋の棚を見れば，「○日で話せる英会話」「○分でわかる〜の歴史」など，できるだけ楽をして学ぶことを強調したタイトルが目に留まります。もちろん短い時間で効率的に必要な情報を取り入れることは重要ではありますが，成功にはそれ相応の努力がつきものであることを忘れないようにしたいものです。

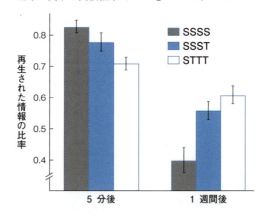

図 4.10　テスト効果に関する実験結果（Roediger & Karpicke, 2006 をもとに作成）

参 考 図 書

高野 陽太郎（編）（1995）．認知心理学2　記憶　東京大学出版会

クリアリー，A. M.・シュワルツ，B. L.（編）清水 寛之・山本 晃輔・槙 洋一・瀧
　　川 真也（訳）（2022）．記憶現象の心理学——日常の不思議な体験を探る——
　　北大路書房）

復 習 問 題

1. 記憶の測定法について説明してください。
2. 多重貯蔵庫モデルとその根拠について説明してください。
3. 記憶の種類について説明してください。
4. 意味ネットワークモデルについて説明してください。
5. 記憶方略についていずれか1つを取り上げて説明してください。

コラム 4.1　記憶の変容と事後情報効果

　私たちは，基本的に事実をそのまま正確に覚えている，と思っています。しかし，だいたいの内容は覚えていたとしても，その細部については忘れていたり，変わっていたりする可能性は十分に考えられます。記憶が変容し得るものであることは古くから研究によって実証されてきました。とくに，犯罪や交通事故の場面での目撃証言については，記憶が決定的な役割を果たすため，その内容がどの程度変容するのか，どの程度信頼できるものなのかについて，これまでさまざまな研究が行われてきました。たとえば，ロフタスとパルマー（Loftus & Palmer, 1974）は，交通事故の映像を実験参加者に呈示した後，ある参加者群には「車が接触したとき，どのくらいの速度で走っていたか」と問い，また別の参加者群には「車が激突したとき，どのくらいの速度で走っていたか」と尋ねました。実験の結果，質問中の動詞が「接触した」であった群よりも，「激突した」であった群のほうが車のスピードを速く見積もりました。また，実験から1週間後，参加者に「割れたガラスを見ましたか」と尋ねたところ，実際に呈示された映像では車のガラスが割れていなかったにもかかわらず，「はい」と答えた参加者の割合は，「激突した」という動詞を用いた群では32％と高かったのですが，「接触した」という動詞を用いた群では14％にすぎませんでした。このように，事故や事件などの何らかの出来事を経験した後に，その出来事に関連した情報を与えられることによって目撃者の記憶が変容することは，事後情報効果として知られています。

コラム 4.2　意図的な記憶の変容——物語の借用と自伝的編集

「ちょっと聞いてほしい話があって。この前さぁ……」

　学生食堂で友人からこのように声をかけられたあなたは，食事をしながら何となくその話を聞きはじめたのですが，その友人の経験が非常にドラマチックかつスリリングであったため，途中からは手に汗を握りながら，食事をとることも忘れ，その話にのめり込みました。これまで聞いたことがない，大変興味深い話で，久しぶりにおもしろい話を聞いたと思いました。その夜，家族との団らん中に，あなたは今日友人から聞いた話を家族にも聞かせたくなりました。家族がこの話を聞いたら，自分と同じように興奮するに違いありません。せっかくのおもしろい話をできるだけ同じ状況で伝えたい。しかし，友人から聞いた話といえば，その熱量は半減してしまうかもしれません。「そうだ！　内容はそのままに，友人ではなく，自分に起こった出来事として話をすれば，きっと同じようにおもしろおかしく伝わるに違いない」。そのように思ったあなたはつい……。

　先のコラムでは，記憶が意図せずに変容してしまう現象について取り上げました。ただ，上であげた例のように，「意図的に」記憶を変容することも私たちの日常には頻繁にありそうです。なぜ私たちはこのようなことをしてしまうのでしょうか。上記の例のように他者が経験した出来事を自分のこととして語り直す現象は「物語の借用」とよばれており，大学生を対象に調査を行った結果，約6割の人がそのような経験があると回答したと報告されています（Brown et al., 2015）。他者の話をすべてそのままに自分のこととして話す場合もあれば，その一部のみを借用することもあるそうです。その原因としては，会話を盛り上げるためや，自分自身の出来事として話をしたほうが話の流れがスムーズになったり，真実味があったりするため，などと考えられています。

　また，自分自身の出来事であったとしても，私たちは人に話す際に，その出来事を一から十まですべて事細かに話すわけではありません。状況に応じて，ある部分を強調したり，あるいは不要な部分を削除したりすることはよくあります。このような現象は自伝的編集とよばれます（Cleary & Schwartz, 2020 清水ら訳 2022）。記憶を意図的に編集する，といえばあまり望ましいようには聞こえませんが，話す相手に重要なことを要領よく伝えることは，円滑なコミュニケーションのための重要なスキルです。もしそうだとすれば，記憶を適切に編集する能力こそ，今後私たちに望まれる能力の一つなのかもしれません。

第5章 思考と意思決定

　誰かが何かを考えているとき，本人に尋ねてみる以外に，何を考えているのかは外部からはわかりません。もちろん，ウキウキしていたり，ふさぎ込んでいたりしたら，ある程度は察しがつくものの，それでも確かなことはわかりません。たとえば，『考える人』という有名なロダンの彫像があります（図5.1）。この『考える人』は，何かとても大事な問題について真剣に思索をめぐらせているようです。しかし，私たちは何もそのような姿だけが「思うこと」や「考えること」を表しているのではないことを知っています。黙って座り込んでじっと考えに集中することもあれば，活発に身体を動かしながら（たとえば，スポーツに打ち込んでいるとき），何かを一心に考えていることもあります。あるいは，人はあれこれ迷ったり悩んだりしながらも，とにかく何かを決めないといけないことがあります。いくつかの選択肢の中から1つを選ぶ場面もそうです。この章では，そのような人間の思考と意思決定について取り上げます。

5.1　思　　考

　何かについて思い考えるということ，すなわち思考とは，何らかの問題やテーマについて，外界にあるさまざまな手がかりや自らがすでに知っている事柄（知識）を用いて答えや目標，見通しに向かっていく心理プロセスであると考えられます。反射的に身体がすばやく反応したり，日頃の習慣によって何げなく行動を起こしたり，よく知っている問題に対して瞬間的に答えを導き出せたりすることとは対照的です。

　また，前述のロダンの彫像のように沈思黙考に徹する場合もあれば，白昼夢のように，ぼんやりと次から次に思いや考えが移り変わっていく場合もあります。要するに，思考にはいろいろな種類のものがあることがわかります。

図 5.1 ロダンの『考える人』(1902 年製作) のイメージ

5.1.1 再生的思考と生産的思考

　思考のタイプ分けとして，過去経験との関係で再生的思考と生産的思考に分類することがあります。**再生的思考**は，主に過去経験から得た知識や記憶を利用して，それらに直接関連した問題やテーマへの思考を進めていくものです。一方，**生産的思考**は，そうした知識や記憶を頼りにしながらも，これまでにはなかった新しい方法を見つけ出して創造的に問題を解決しようとするものです。問題をとらえ直すこと（問題の再構造化）が重要な特徴です。

5.1.2 収束的思考と拡散的思考

　別の思考のタイプ分けとして，収束的思考と拡散的思考という分類もあります。**収束的思考**は，複数の前提や手がかりから 1 つの答えや結論を導き出そうとするものです。一方，**拡散的思考**は，たった 1 つの解決策ではなく，さまざまな解決のあり方や可能性を探るものです。前述の生産的思考と同様に，新規なアイデアや理論，仮説，技術などをもたらすという点で**創造的思考**と深く結びついています。とくに創造的思考については複数の段階から成り立っているという考え方があります（表 5.1）。

5.2 問題解決

表 5.1 **創造的思考の 4 段階**（Wallas, 1926 より改変）

段階	期間	思考の焦点
1	準備期	問題を理解し，情報を収集し，試験的に解決策を探る。
2	孵卵期	集めた情報と過去経験をもとに適切な解決策を考える。 常に集中して解決策を探るとは限らない。 別のことをしながらも無意識のうちに問題に取り組んでいることもある。
3	啓示期	突然に解決策を発見する。ひらめく。アハ体験を伴うことがある。
4	検証期	正しく解決されたかどうかを確かめる。

5.2 問題解決

　思考のうち，何らかの問いに答えを出すことを問題解決といいます。はじめに，はっきりとしたかたちで問題と正しい答えが用意されている場合についてみてみましょう。そうした問題を解くことが苦痛なときもありますが，考え事をしている最中は落ち着かない気分になるものの，正しい答えにたどり着いたときは達成感を覚えます。つまり，考えること自体が楽しみなときもあります。人は好んでクイズやパズル，なぞなぞ，推理小説に挑戦しますが，それは正解を見つけたり，真犯人やトリックを見破ったりしたときのすっきりした気分を味わいたいからかもしれません。

　ただし，与えられた問題が明確で，解決に必要な材料や手がかり（推理小説なら伏線）があらかじめきちんと与えられており，しかも最終的に明らかにされた答えが十分納得のいくものでなければなりません。たとえば，推理小説で，最後に突拍子もない結末（たとえば，実は犯人が超能力者であった，など）が唐突に書かれていたら，そのような小説は見向きもされません。つまり，問題には，良くできたものとそうでないものとがあって，問題がきちんと定義されているか，制約条件があいまいでないか，論理に矛盾や飛躍がないか，といった点で問題の良し悪しが決まります。さらにいえば，正しい答えが意外性をもっているかどうかでも問題のおもしろさはずいぶん違ってきます。

5.3 問題解決を阻むもの

それでは、よく取り上げられる問題を参照しながら、問題解決におけるいくつかの思考の特徴を紹介します。ある1つの問題がなかなか解けないのに、いざ正解がわかると、正解までの道筋がとても納得できるときがあります。では、なぜそれまで解けなかったのでしょうか。

5.3.1 機能的固着

私たちは普段の生活の中で、さまざまな物事に対して標準的で典型的な役割にとらわれてしまっている場合が少なくありません。たとえば、消しゴムといえば、通常は、紙に鉛筆で書かれた文字や絵を消すための道具です。しかし、本来の使い方とは別の使い方が可能です。たとえば、加工しやすい、水に浮く、適度に弾力性があるといった性質を利用して、釣り具の浮き、ドアストッパーの緩衝材などに転用できるかもしれません。

2本のひも問題（図 5.2）では、2本のひもは離れてぶら下がっていて、長さも足りないので、同時に2本を持って結び合わせることはできません。おそらく椅子を動かして利用しても同時に2本のひもには手が届かないでしょう。この問題の解決法の一つは、1本のひもの先にペンチをくくりつけて、もう一

図 5.2 2本のひも問題

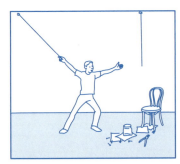

部屋の天井から2本のひもがぶら下がっています。2本のひもは離れているので、一度に手でつかむことはできません。この2本のひもを結び合わせるにはどうしたらよいでしょうか。ただし、床の上に、椅子、ビン、ペンチ、釘、紙が置かれています。

5.3 問題解決を阻むもの

図 5.3 ロウソク問題

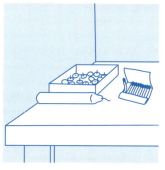

机の上にある材料（マッチ，ロウソク，箱に入った押しピン）だけを使って，床にロウを垂らさないように，火をともしたロウソクを壁に垂直に固定するにはどうしたらよいでしょうか。

方のひもを手に持ちながら，ペンチをくくりつけたほうのひもを振り子のように揺らして戻ってきたところをもう片方の手でつかむというものです。実際に実験してみると，10分以内にこの問題を解けた実験参加者は40％に満たなかったそうです（Maier, 1931）。この問題の場合，ペンチを，本来の道具としての役割ではなく，手近な重りとして使えることに気づくかどうかで問題解決が決まります。こうした道具の役割やはたらきを固定的にとらえることを**機能的固着**といいます。ロウソク問題（Duncker, 1945；図 5.3）も同様です。

5.3.2 マインドセット

　機能的固着と少し似ていますが，人は特定の問題を一度，ある方法で解決すると，いつまでもその方法にこだわってしまう傾向があります。水がめ問題（Luchins, 1942；図 5.4）をみてみると，10問のうち問題8を除くすべての問題に対して「Bの水がめに水を満たしてから，BからCに2杯くみ出し，さらにBからAに1杯くみ出す」というやり方で解けます。このやり方は確かに問題1～5の5問については有効です。ですが，よくみてみると，問題6,8,10は「AからCを1杯くみ出す」，問題7,9は「AとCを1杯ずつ加える」だけで，求める水の量が得られます。つまり，Bの水がめをわざわざ使う必要はないのです。このように，先行経験に基づいて，ついつい以前と同じ解決法

図 5.4 水がめ問題

問題	Aの容量	Bの容量	Cの容量	求める水の量
1	21	127	3	100
2	14	163	25	99
3	18	43	10	5
4	9	42	6	21
5	20	59	4	31
6	23	49	3	20
7	15	39	3	18
8	28	76	3	25
9	18	48	4	22
10	14	36	8	6

大きさの異なる3つの水がめ（A, B, C）と，いくらでも水の出る水道の蛇口があります。これらの水がめの容量は上の表に書かれています。これらの水がめを使って「求める水の量」を得るには，どうしたらよいでしょうか。

を用いてしまい，新たな問題に柔軟に対応できなくなっていることがあります。このことを**マインドセット**（心的構え）といいます。

5.3.3 中心転換とアハ体験

9点問題（Lung & Dominowski, 1985；図 5.5）では，4つの直線を9つの点のどれかの上でつなげる，または，全体の四角形の内側で線を引くと考える限り（マインドセットが生じている限り），この問題は解けません。これは，9

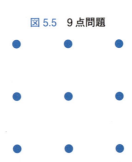

図 5.5　9点問題

9つの点が並んでいます。どれか1点から出発して，一筆書きの要領で，4本の直線を引いて，9つの点をすべて通るにはどうすればよいでしょうか。

つの点からはずれた地点でつながるという見方をすることによって解決できます。このように、視点を変えて問題をとらえ直すことを**中心転換**といい、それで問題が一気に解決できることがあります。正解を思いつくまでの「行き詰まり」の状態を**インパス**といいますが、解けた瞬間に思わず「あ、そうか！」と声に出してしまうことがあります。これを**アハ体験**といいます。「2本のひも」問題やロウソク問題のように、機能的固着から解放されたときにもアハ体験を伴うことがありそうです。

5.4 問題解決のプロセス

5.4.1 問題空間と手段—目標分析

問題がどのように解決されていくかのプロセスを考えるときに、ハノイの塔問題がよく取り上げられます（Newell & Simon, 1972；図 5.6）。この問題は、最初の状態（**初期状態**）と最終的に求められる状態（**目標状態**）が明確で、ルールがきちんと示され、うまくいかないときは後戻りができるという特徴をもっています。大中小の円盤を動かすことによって作り出される状態の全体を、**問題空間**（または**状態空間**）といいます（図 5.7）。円盤を動かしているうちに目標が近づいているのか遠ざかっているのかがわかり（**手段—目標分析**）、初期状態と目標状態の差を小さくしていくことが重要になってきます。問題が複雑になると、最終的な目標に先立って中間目標や、相対的に小さな目標（下

図 5.6　ハノイの塔問題

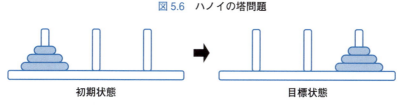

初期状態　　　　　　　　　　　　　目標状態

3本の柱を立てた板と、大・中・小の3枚のドーナツ型をした円盤があります。左の柱に下から大・中・小の順に積んである円盤を、1回に1枚の円盤を動かして、同じ積み方で右の柱に積み直すにはどうすればよいでしょうか。ただし、相対的に小さい円盤の上に大きい円盤は積めない（すでにある円盤の上に、それより大きい円盤を置くことはできない）という条件があります。

図 5.7 ハノイの塔問題の問題空間

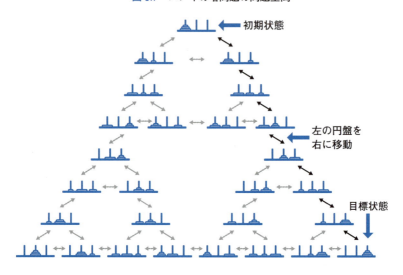

位目標）を設定して，それらを達成しながら最終目標に到達することもあります。

5.4.2 試行錯誤と洞察

　問題解決や目標達成のための手段がわかりにくかったり，利用できる手がかりが乏しかったりするときには，とりあえず，まちがえてもよいから何か試しにやってみるはずです。そして，その結果をみてから，うまくいったときにはそのまま続け，うまくいかなかったら手段を変えてみます。このことを試行錯誤といいます（第3章参照）。ところが，そうではなく，ある程度，先の状態を見通して，どうすればどうなるかを考えながら先に進むことがあります。とくに，やり直しが制限されている問題に対しては，そうした方法をとらざるを得ません。その場合，洞察（見通し）が重要になってきます。たとえば，金網のフェンスの向こうに餌があることがわかっても，ニワトリはやみくもにフェンスに突進していきます（図 5.8）。そして，右往左往しているうちに，偶然にフェンスの端から餌にたどり着くことがあります。一方，イヌは，一気に

図5.8 洞察の例——回り道の実験 (Köhler, 1921 宮訳 1962 より改変)

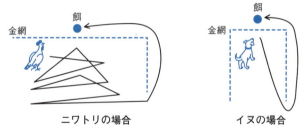

餌の前に金網フェンスを置くと，そのフェンスを回りこまないと餌が取れないようになっています。この課題場面ではニワトリは右往左往しますが，イヌは一気にフェンスを回り込んで餌にたどりつきます。

フェンスを回り込んで餌まで一目散に到達します。前者は試行錯誤の，後者は洞察の例です。

先ほどのハノイの塔問題でも，最初はとりあえず模索的にいろいろと円盤を動かしますが，何度か解いているうちに問題そのもののしくみがわかってきて，1つの選択を行う前に次の状態（さらに次の次の状態）を予想できるようになります。つまり，試行錯誤の経験を通して，次第に洞察が可能になってきます。問題を解いている人に，頭の中で（心の中で）考えていることを声に出してもらい（**発話思考法**），その言語報告データ（言語的プロトコル）を分析すると，ある程度，試行錯誤や洞察の様子がわかります。

5.4.3 アルゴリズムとヒューリスティック

問題解決において，筋道を立てて（理詰めで），時には自身がとることのできる「手」（選択肢）をすべて，一定の手順に従ってしらみつぶしに試してみて正解にたどり着くという方法が考えられます。この方法を**アルゴリズム**（algorithm；定型的方法）といいます。しかし，アルゴリズムが明確でなく，仮に明確であったとしてもすべての「手」を試すには膨大な時間と労力を必要とする場合，何らかの経験や直観に基づいて，たとえうまくいくという保証はなくても，正解にたどり着けそうな「手」を選ぶことがあります。このような方法を**ヒューリスティック**（heuristic；発見的方法）といいます。

5.5 推 論

　人はきちんと明確化された問題に対して正しく答えようとしますが，思考は必ずしもそうした問題解決の場面だけで経験されるわけではありません。私たちは，ある前提から何らかの結論を導き出すことができます。このことを推論といいます（推理ともいう）。推論には，一般的な原理から個別の事例を引き出す演繹的推論と，個別の事例から一般的な原理を引き出す帰納的推論があります。

5.5.1　演繹的推論

　演繹的推論は，論理学的な規則に従って，与えられた前提から論理的に正しい結論を導き出すことです。三段論法もその一種で，これは一般的な原理から個別の事例を導き出すものでもあります。「水不足なら米は不作になる」（p ならば q）という命題が与えられたとき，その命題の逆「米が不作なら水不足である」（q ならば p）も，裏「水不足でないなら米は不作にならない」（p と q の否定を p̄ と q̄ とすると，p̄ ならば q̄）も正しいとは限りません。なぜなら，米の不作につながる原因は水不足だけではなく，害虫の大量発生なども考えられるからです。この命題の対偶「米が不作でないなら，水不足ではない」（q̄ ならば p̄）は常に正しくなります。

　演繹的推論は，形式的・抽象的なかたちで問題が与えられると，解くのがむずかしくなります（図 5.9）。大学生でも 4 枚カード問題の正答率はわずか10％程度です（Wason & Johnson-Laird, 1972）。しかしながら，4 枚カード問題と同じ問題の構造なのに，飲酒問題（Griggs & Cox, 1982；図 5.10）になると，途端に答えやすくなり，7 割くらいの人が正しく答えます。成人年齢に達している人がアルコールを飲もうがコーラを飲もうが，また，コーラを飲んでいる人が未成年であろうが成人であろうが，飲酒ルールにはいっさい抵触しないのです。問題なのは，「未成年がアルコールを飲んでいないか」と「アルコールを飲んでいる人は成人か」という 2 点であり，この両方をチェックすればよいことになります。このような例から，私たちは日常生活の中で論理学の

5.5 推論

図 5.9 4枚カード問題（ウェイソンの選択問題）(Wason, 1966 より改変)

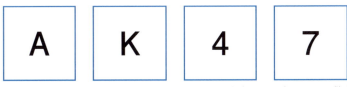

この4枚のカードはすべて，片面にアルファベットが1文字，その裏の面には数字が1つ書かれています。
もしも「カードの片面にアルファベットの母音が書かれていれば，その裏の面には偶数が書かれている」と言われたら，そのことばが正しいかどうかを確かめるには，どのカードをめくってみなければいけないでしょうか。

図 5.10 飲酒問題 (Griggs & Cox, 1982 より改変)

| 16歳くらいの若者 | 50歳くらいのおじさん | コーラを飲んでいる | 酒を飲んでいる |

「未成年者は酒を飲んではいけない」というルールが守られているかどうかを確かめるには，
- 16歳くらいの若者に何を飲んでいるか調べますか。
- 50歳くらいのおじさんに何を飲んでいるか調べますか。
- コーラを飲んでいる人に年齢を尋ねますか。
- 酒を飲んでいる人に年齢を尋ねますか。

対偶のような抽象的なレベルで推論を行っていないことがうかがわれます。飲酒問題のように日常生活で接しやすい具体的なかたちで（とくに禁止や義務や「ルール違反者の検出」を含むように）問われると，比較的容易に正しく答えることができます。

5.5.2 帰納的推論

帰納的推論は，個別的な事例に基づいて一般的な原理を導き出すことをいいます。演繹的推論は論理的に正しいかどうかを決めることができますが，帰納的推論の場合，必ずしもそうとは限りません。たとえば，「幼稚園のA先生はやさしい」「幼稚園のB先生はやさしい」「幼稚園のC先生はやさしい」とい

う事実を知ると，一般に「幼稚園の先生はやさしい」という結論を導き出します。しかしながら，もしかしたら，まだ見ぬ「幼稚園のD先生」がやさしくないかもしれません。つまり，事例を多く集めれば集めるほど，一般的原理に関する正しさの可能性（蓋然性ともいう）は高くなりますが，それはあくまで可能性でしかなく，100％まちがいなくそういえるとは限らないのです。私たちは日常生活の中で，帰納的推論を用いて事実や観察内容の一般化・抽象化を行っています。ただし，普段は帰納的推論を当たり前のように行っていますが，特殊なクイズの形式に置き換えるとかなりむずかしくなります。あるなし問題（図5.11）は，「ある」に共通した意味や規則性，仕掛けを見抜くというものですが，問題の出題者の想定した範囲を超えた答えであっても正しい場合があります。それは，正しさの可能性に関する帰納的推論の性質によるものだと考えられます。

図 5.11　**あるなし問題（共通点探し問題）**（QA倶楽部，1992より一部改変）

問題	ある	ない
1	街 井 鍋	町 升 底
2	1 5 10	2 9 12
3	野球 サッカー ゴルフ	水泳 体操 相撲
4	回覧板 七輪 ビハインド スタイル コロシアム	掲示板 コンロ リード スマイル スタジアム

共通点のあることばのグループと共通点のないことばのグループに分かれています。それぞれの共通点は何でしょうか。
たとえば，第1問は，次のような問題です。
「街」にはあるが，「町」にはない。「井」にはあるが，「升」にはない。「鍋」にはあるが，「底」にはない。「ある」のことばに共通していることは何ですか。

5.6　意思決定とバイアス

5.6.1　意思決定の基準

　人が迷ったり悩んだりするのは，いくつかの選択肢のうちどれを選べばよい
かわからないという状況であることがほとんどです。複数の選択肢の中から1
つを決めて選ぶことを**意思決定**または判断といいます（1つ以上の選択肢を選
ぶ場合もあります）。たとえば，靴屋で，どの靴を買おうか迷っているような
場面での心の動きです。その際，選択肢同士を比較検討しますが，特定の靴を
手に入れたときの喜びや満足感の大きさ（**効用**という）を基準に，靴の特徴
（属性）のプラスの側面とマイナスの側面を考慮して総合的にどの靴を選ぶか
を決めようとします。

　また，ある効用が確実に得られる場合（確実状況下での意思決定）と，効用
が得られない可能性がある場合（リスク状況下での意思決定）とで，意思決定
の仕方や結果は変わってきます。いくら効用が高くても，得られる確率が非常
に低ければ，その選択肢は選ばれません。このように効用が得られることが不
確実なときは，効用と確率の両方を考慮して，その積（掛け合わせたもの；**期
待効用**）が最大になるような選択肢が選択されることが多いです（規範解によ
る決定）。

5.6.2　ヒューリスティックとバイアス

　すでに述べたように，与えられた問題に対して私たちはすべて理詰めで答え
を導き出すわけではありません。ヒューリスティックという，いわば認知的な
「バイパス（近道）」や「手抜き」に近い仕方で，問題を解決しようとすること
があります。このことは意思決定にもあてはまります。リンダ問題（**図5.12**）
では，約85％の実験参加者がbを選びました。しかし，銀行窓口係でフェミ
ニスト活動家は，銀行窓口係全体の中の一部でしかありません。つまり，リン
ダがフェミニストの銀行窓口係である確率は，リンダが銀行窓口係である確率
よりも必ず低いのです（「AかつB（かつ＝連言）の確率」は常に「Aの確率」
以下です）。こうした誤りを**連言錯誤**といい，ヒューリスティックの一種です。

第5章　思考と意思決定

図 5.12　リンダ問題（Tversky & Kahneman, 1983 より改変）

> リンダは 31 歳の独身女性です。非常に知的で，はっきりものを言うタイプです。大学では哲学を専攻しました。学生時代は社会主義と差別問題に関心をもっていました。反核デモにも参加したことがあります。さて，現在のリンダについて，次の記述文のどちらがよくあてはまりそうですか。
>
> a. リンダは銀行窓口係である。
> b. リンダは銀行窓口係で，フェミニスト運動の活動家である。

　b の記述は，リンダの現在のイメージについて「さもありなん」と思わせるもので，リンダは「銀行窓口係でフェミニスト活動家」を代表しているかのように受け止めてしまいます。そのため，代表性ヒューリスティックが作用したともいえます。

　意思決定を行う際に，あらかじめどのような知識，偏見，先入観をもっているかが大きく影響します。それらによって，認知や意思決定にさまざまな偏りやゆがみが生じます。認知バイアスは，偏った見方や受け取り方を指し，「認知のクセ」ともいえます。ヒューリスティックもまた一種の認知バイアスであると考えることもできます。よく知られた主な認知バイアスを表 5.2 に示します。

　認知バイアスのように主観的な「ものの見方」や「問題のとらえ方」によって意思決定が左右されることは，別の事例からも理解できます。アジア病問題（図 5.13）では，問題 A で対策 2 よりも対策 1 のほうが，問題 B では対策 3 よりも対策 4 のほうが圧倒的に選ばれやすくなります。実は対策 1 と対策 3，対策 2 と対策 4 は，どちらも同じ内容です。しかし，「助かる」というポジティブな表現を用いるか，「死ぬ」というネガティブな表現を用いるかで，選択結果は大きく異なってきます。問題 A では「助かる」という表現によって，600 人の死亡者が発生する状況が参照点となって，どうすれば多くの人を救えるかという問題（利得の問題）として受け取られます。これに対して，問題 B では，「死ぬ」という表現によって，誰も死んでない状況が参照点となって，そこからどれほど犠牲者が出るかという問題（損失の問題）として受け取られます。

5.6 意思決定とバイアス

表 5.2 主な認知バイアス

バイアス (ヒューリスティックを含む)	内　容
代表性ヒューリスティック	対象 A がカテゴリー B に含まれるかどうかを判断するとき，A がどの程度 B を代表するもの（代表例，典型例）と似ているかを手がかりにしてしまう。
利用可能性ヒューリスティック	ある集合の大きさや出来事の発生頻度を判断するときに，思い出しやすいかどうか，思いつきやすいかどうか（利用可能性）を手がかりにしてしまう。
後知恵バイアス	ある出来事が発生した後で，そのことをまるで事前に予想していたかのように受け止めてしまう。
正常性バイアス	めったに起きない重大な事故や事件が起きたような場合でも，「大したことではない」「自分は大丈夫」ととらえてしまう。
確証バイアス	自分の考えや期待に合致した事例・証拠ばかりを収集したり，重視したりする。

図 5.13　アジア病問題

アメリカで非常にめずらしいアジア病が爆発的に流行し，今後，この病気で 600 人が死亡すると予想されています。次の 2 つの対策が提案されており，それぞれの効果について科学的に推定した結果，次のようになりました。

問題 A：あなたは下記の対策 1 と対策 2 のどちらを選びますか。
• 対策 1：200 人が助かる。
• 対策 2：3 分の 1 の確率で 600 人が助かるが，3 分の 2 の確率で誰も助からない。

問題 B：あなたは下記の対策 3 と対策 4 のどちらを選びますか。
• 対策 3：400 人が死ぬ。
• 対策 4：3 分の 1 の確率で誰も死なず，3 分の 2 の確率で 600 人が死ぬ。

一般に，損失の影響のほうが利得の影響よりも大きく評価される傾向にあります（損失回避傾向，「得をしなくても，損はしたくない」など）。こうした問題の表現の仕方次第で，受け取る側の前提や枠組みが変わって，意思決定に影響を及ぼすことをフレーミング効果といいます（Tversky & Kahneman, 1981）。

コラム 5.1　クリティカル・シンキング

　クリティカル・シンキング（critical thinking）は，「批判的思考」とも訳されます。これは，証拠や根拠に基づいた，合理的・理性的・論理的な思考のことで，ある 1 つの考え方や主張，ものの見方を無条件に受け入れるのではなく，それらを批判的・懐疑的に受け止めて，判断や分析，推論などを進めることを重視します。「相手を批判する思考」という意味合いは乏しく，むしろ，意識的で熟慮的な思考によって自己の無意識的・直観的な思考の誤りを防ごうというものです。これには認知バイアスを意識的に修正することも含まれます。表面的に理解して物事を鵜呑みにしたり，論理の飛躍や矛盾に気づかずに安易な結論を導き出したりすることとは，対極にあります。現在，学校や職場など多方面で重要視されています。心理学の勉強を進める上でも，心に関する珍説・奇説はもちろん，さまざまなメディアでの心理学的知見の紹介や解説に対しても，倫理的な観点も含め，クリティカル・シンキングをはたらかせることが大事です。

参考図書・復習問題・問題の答え　　　71

参 考 図 書

ギロビッチ，T. 守 一雄・守 秀子（訳）（1993）. 人間この信じやすきもの——迷
　　信・誤信はどうして生まれるか——　新曜社

カーネマン，D. 村井 章子（訳）（2014）. ファスト＆スロー——あなたの意思はど
　　のように決まるか？——（上・下）　早川書房

マンクテロウ，K. 服部 雅史・山 祐嗣（監訳）（2015）. 思考と推論——理性・判
　　断・意思決定の心理学——　北大路書房

復 習 問 題

1. 思考にはどのようなタイプのものがあるか説明してください。
2. 問題をうまく解決できないときにどのようにすればよいか説明してください。
3. 演繹的推論と帰納的推論の違いについて説明してください。
4. 認知バイアスにはどのようなものがあるか説明してください。

問題の答え

• 2 本のひも問題：本文参照。
• ロウソク問題：押しピンの入っている紙箱をロウソクの台に用いる（図 5.14）。
• 水がめ問題：本文参照。
• 9 点問題：図 5.15。
• ハノイの塔問題：図 5.7 の三角形の上の頂点から右の斜面を下がっている経路で円
盤を動かすのが最短である。
• 4 枚カード問題：A と 7 のカードをめくる。
• 飲酒問題：本文参照。
• あるなし問題：
　1. 「中華」がつく。
　2. 日本の硬貨。
　3. ボールを使う，または，延長戦がある。
　4. 外国の国名が入っている。
• リンダ問題：本文参照。
• アジア病問題：本文参照。

第 5 章　思考と意思決定

図 5.14　ロウソク問題の答え

図 5.15　9 点問題の答え

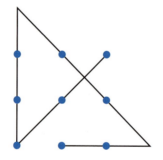

第6章 知能とコミュニケーション

　何かを考えているときに，頭の良い人だったら，きっとすぐに考えがまとまったり，問題を解決できたりするのだろうなと思うことがあります。もう少し自分の頭が良かったら，いろんなテストに悠々，合格して人生が楽になるのかなと思うことがあるかもしれません。では，ここでの「頭の良さ」や「かしこさ」とはいったいどのようなことを指すのでしょうか。その一方で，頭の良し悪しだけで一人の人物をとらえきれないことは明らかです。やさしさ，思いやり，がまん強さ，几帳面さ，感性や表現の豊かさ，正義感，共感性，いろいろな人たちとうまくやっていく力など，人として大事な精神面での能力は，いわゆる知的能力以外にもたくさんありそうです。また，他者との関係において相手の主張や気持ちを受け止め，自身の主張や気持ちを伝えることはとても大切です。ですが，それらは必ずしも話しことばや書きことばを通して行われるわけではありません。ちょっとした動作で何らかの意思が伝わったり，なかなかことばで表しにくい思いが込み上げてきたり，ことばを介さずに反射的に身体が動いたりすることもあります。この章ではそのような人間の知能とコミュニケーションについて取り上げます。

6.1 知能の構造と種類

6.1.1 知能とは

　知能（intelligence）は，新しい環境への適応や環境の変化への対応，課題場面での取組み，人や事物に対するはたらきかけなどに関係する広範な能力のことです。そうした能力は生得的に備わった本能とは異なり，生後の経験を通して学習によって獲得されると考えられます。一般には，認知機能（記憶や推論，理解，言語使用など）に特化した，いわゆる「頭の良さ」や「賢明さ」と同義にとらえがちですが，心理学ではもっと広い範囲で知能を考えます。比較的最

近の知能理論では，「社会的有能さ」や「音楽的才能」なども，知能に含めることがあります（Gardner, 1999）。

6.1.2 知能の構造

古くから，知能の構造として，あらゆる知的活動に共通してはたらく一般因子（g因子）と，個々の活動についてのみはたらく特殊因子（s因子）の2つから構成されるという考え方があります（知能の2因子説；Spearman, 1927；図6.1）。一方，一般因子という考え方に疑問をもち，知能に関するデータの分析結果に基づいて，数の処理能力，ことばの流暢性，空間処理能力など，比較的独立した主な7つの因子（他の因子も含めると8〜10因子）を仮定するという考え方も示されました（知能の多因子説；Thurstone, 1938；図6.2）。

図6.1　知能の2因子説（Spearman, 1927より改変）

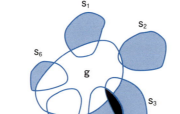

図6.2　知能の多因子説（Thurstone & Thurstone, 1941より改変）

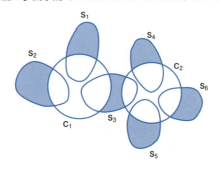

6.1 知能の構造と種類

その後，知能を一種の情報処理能力であるとみなす考え方に基づいて，**知性構造モデル**が提唱されました（Guilford, 1967；ここでは「知能」ではなく「知性（intellect）」という用語が用いられました）。そのモデルでは，知性を大きく記憶と思考に分け，その思考を認知能力と評価能力と生産能力に分け，さらに生産能力を収束的思考と拡散的思考とに分けました。そのうち，「評価」「記憶」「認知」「収束的思考」「拡散的思考」という5種類の心的操作の能力のそれぞれが，①どのような内容の情報が扱われるかという観点から，図形的情報，記号的情報，意味的情報，行動的情報の4つに，②どのような結果（所産）が生み出されるかという観点から，単位，類，関係，体系，変換，含意の6つに分けられました。それらをもとに，心的操作×内容×所産の3次元立体モデルが完成され，この5×4×6（＝120）のそれぞれに対応した知能の構成要素が存在すると仮定されました（図6.3）。

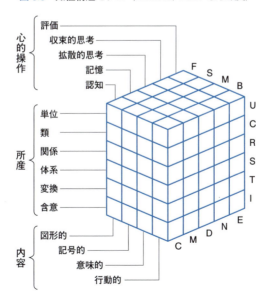

図6.3 **知性構造モデル**（Guilford, 1967 より改変）

6.1.3 知能の種類

知能には大きく，**流動性知能**と**結晶性知能**という 2 種類があると考えられています（Cattell, 1963）。流動性知能は新しい環境への適応や新規な課題場面での解決の際にはたらく能力であり，結晶性知能は経験の結果が結晶化されたもので，過去の学習経験を高度に適用して得られた判断力や習慣に関連しています。人間の一生涯の発達をみてみると，流動性知能はおよそ 20 代後半をピークに，成人期以降は緩やかに減退していきます。高齢者はその場その場での判断が苦手になってくるのかもしれません。これに対して，結晶性知能は高齢期においても経験や知識の蓄積によって増進すると考えられています（図 6.4）。

その後，知能の考え方は，より広い範囲に適用されるようになりました。たとえば，知能を人間の主に認知能力に限定するのではなく，**情動知能**（emotional intelligence; EI）という「自分自身や他人の感情，欲求を正確に理解し，適切に対応する能力」も提唱されました（Goleman, 1995）。さらに，知能にはもっと多くの種類があるという考え方も示されました。多重知能理論では，表 6.1 のように，かなり広い範囲でさまざまな知能があると仮定されています（Gardner, 1999）。

また，動機づけや意欲，協調性，忍耐強さ，計画性，自制心，創造力など，従来の知能の考え方では十分にとらえきれなかった能力を，認知能力以外の能力という意味で「**非認知能力**」といい，それらが個人の日常生活や社会的活動

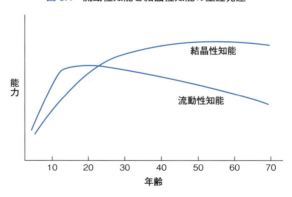

図 6.4　流動性知能と結晶性知能の生涯発達

表 6.1 多重知能理論における知能の種類（一部）（Gardner, 1999 松村訳 2001 より改変）

知能の種類	内　容
言語的知能	話しことばと書きことばを正しく理解し，効果的に使いこなす能力
論理数学的知能	具体的な対象物のない場面でパターンや関係を捉え，抽象的・論理的な思考を進める能力
音楽的知能	メロディやリズム，ピッチ，音質などを認知・識別し，伝達する能力
身体運動的知能	微細な身体運動や全身運動を通して自己の思考や感情を伝達する能力
空間的知能	空間や空間内の対象物を認知し，それらの表象を移動・回転・変換する能力
対人的知能	他者の思考や感情，信念，意図，動機づけ，欲求などを認知・識別する能力
内省的知能	自己の内面を正確に捉え，自らの思考や感情，信念などを認知・識別する能力

に大きな影響を及ぼすと考えられるようになりました（Heckman, 2013；コラム 8.1 参照）。この非認知能力を幼児期から育てることが重要であるとされ，OECD（経済協力開発機構）では 2015 年に「非認知能力」の定義を公表し，このことは PISA（国際的な学習到達度に関する調査）にも反映されています。

6.2　知能の測定

6.2.1　知能テストと知能指数（IQ）

　知能テストは 20 世紀の初頭にフランスで開発されました（Binet & Simon, 1905）。精神発達に遅れのある子どもを含め，さまざまな年齢の子どもたちにいろいろな問題や課題を与えると，当然のことながら，同じ年齢の子どもたちでも特定の問題や課題をこなせる子どもとそうでない子どもがいます。つまり，問題や課題のできる・できない（合否または通過・不通過）に関して個人差が認められます。ここでの個人差は，身体面での発育や成長の側面ではなく，精神的な発達の側面であると考えられます。そこで，いくつかの年齢区分を設定し，その子どもたちのおよそ半数が正しく解けるという問題を，やさしい問題からむずかしい問題まで多く集めて，知能テストとして子どもに与えると，どの問題を正しく解くことができたかによって特定の子どもの精神発達のレベル

がわかります。この精神発達のレベルのことを**精神年齢**（mental age; MA）といいます。この精神年齢を実際の年齢（**生活年齢**。暦年齢，実齢ともいう；chronological age; CA）で割って 100 を掛けたものを**知能指数**（intelligence quotient; IQ）といいます。つまり，

$$知能指数（IQ）=\frac{精神年齢（月）}{生活年齢（月）}\times 100$$

となります。

　このように，もとは子どもの精神発達のレベルを調べるために知能テストが開発されましたが，その後，成人を対象者とするテストに拡張されました。ウェクスラー成人用知能検査：（WAIS）はその一つで，16 歳以上の人たちに適用されます。ウェクスラー式知能検査は，その他にも児童用知能検査（WISC）や幼児用検査（WPPSI）が開発されています。ただし，ここでの IQ は，前述の式とは異なり，テストの問題・課題の平均得点とその標準偏差を利用して算出されます（**偏差 IQ** という）。すなわち，

$$偏差IQ=\frac{個人の得点-当該年齢区分の得点の平均点}{当該年齢区分の得点の標準偏差}\times 15 + 100$$

になります。この偏差 IQ は，特定の年齢区分の人たちのテスト成績分布をもとに平均値が 100，1 標準偏差が 15 になるように換算したものです。ただし，知能テストによっては，1 標準偏差が 16 や 24 に設定されているものもあります。

　さらに，偏差 IQ に似たものとして，教育分野では広く「偏差値」が用いられています。学力テストの結果も次のような式を用いて偏差値（学力偏差値）で表すことができます。

$$学力偏差値=\frac{個人の得点-当該年齢区分の得点の平均点}{当該年齢区分の得点の標準偏差}\times 10 + 50$$

この場合，特定の年齢区分において学力偏差値の平均値は 50，1 標準偏差は 10 になります。

　現在，知能テストには，専用のテスト材料やテスト器具を用いて個人別に実施されるものもあれば，集団式で一斉に実施される簡易的なものもあります。

通常は，専門的なトレーニングを受けた実施者（テスター）が，定められた条件のもとで一定の手順に従って個人または集団に実施し，その結果についてもマニュアルに従って整理・分析され，報告書にまとめるという手続きがとられます。いわゆる深層心理テストや心理ゲームのような取扱いは厳しく戒められています。

6.3 コミュニケーション

　社会では学力よりもコミュニケーション能力（いわゆるコミュ力）が求められるといった考え方があります。一人の人が別の人にきちんと過不足なく，何かの事柄を伝え，相手が正確にそのことを受け取るというのは，社会生活において実に大切なことです。一般に，人々が思いや気持ちを伝え合うことをコミュニケーションといいます。コミュニケーションは，ことば（話しことばと書きことば）を通して行われることが多いのですが，日常生活の中では必ずしもそうとは限りません。表情やジェスチャーに代表されるように，人はことば以外の手段でも思いや気持ちを伝え合うことができます。

6.3.1 言語的コミュニケーション

　人と人との間でコミュニケーションを通して何らかの事柄や情報を伝えるときに，もっとも手近で役に立つのは「ことば（言語）」です（言語的コミュニケーション）。ことばには話しことばと書きことばがあります（音声言語と文字言語，口頭言語と書記言語，口頭語と文章語，といった言い換えが可能です）。相手の話しことばを受け止めることは「聞く」，相手に話しことばを伝えることを「話す」，相手からの書きことばを理解することは「読む」，相手に書きことばを伝えることは「書く」，といった行為が対応しています。

　世界中に何種類くらいのことばがあるかというと，数え方にもよりますが，およそ7千種類といわれています（Ethnologue, 2024）。それらは話しことばの場合であって，文字を伴うことばはその1割にも満たないそうです。

　ことばは，個人と別の個人との間で，互いの意思を伝え合うという役割を果

たしています。これは一般に，音声を伴うもので，個人間コミュニケーション（外言）とよばれます。ことばはまた，自分自身に向かって発せられる（声に出すかどうかは別にして）ことがあります。これは個人内コミュニケーション（内言）とよばれ，自身の考えや思いを促進したり抑制したりするはたらき（自己調整機能）をもつとされています。当然のことながら，個人間コミュニケーションに用いられることばは，相手との間で音声を介して意味を共有しないと成り立ちませんが，個人内コミュニケーションの場合は，そうではありません。

　人間の発達において，おそらく，ことばは他者とのコミュニケーションのために使われはじめ，そのうちに思考の道具として，自己調整機能をもつようになると考えられています。幼児はよく，ひとりごとを言いますが，これは個人間コミュニケーションから出発して次第に個人内コミュニケーションが可能になる，いわゆる移行期の特徴ではないかと考えることができます（第7章参照）。

6.3.2　ことばの意味

　今，「リンゴ」ということばを聞いたときに，誰もが果物のリンゴを思い浮かべます。私たちは実体としてのリンゴが目の前になくても，リンゴの，いわばイメージを抱くことができます。ですが，日本語をまったく知らない人にいくら「リンゴ」と言っても通じません。このことから，「リンゴ」ということばは単なるシンボルにすぎず，そのシンボルの意味を知っている者だけが「リンゴ」という音の響きからリンゴという指示対象を思い浮かべることができます。ということは，シンボルと指示対象は直接つながっているのではなく，心の中で（思考や記憶といった心的プロセスを通じて）「リンゴ」とリンゴのイメージが結びついているのです。このような関係は「意味の三角形」として知られています（Ogden & Richards, 1923；図6.5）。

6.3.3　非言語コミュニケーション

　私たちは，日常生活では話しことばと書きことばだけで個人間コミュニケーションを行っているわけではありません。確かに電話では相手の音声しか伝

図 6.5　意味の三角形（Ogden & Richards, 1923 より改変）

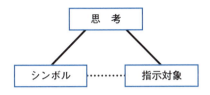

図 6.6　対人コミュニケーションの分類

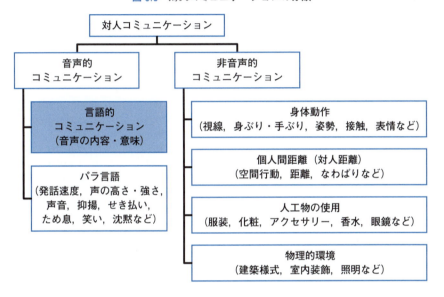

わってきませんが，対面のコミュニケーション（対人コミュニケーション）には，表情や視線をはじめ，ことば以外のさまざまな要素が影響しています。こうしたことば以外の手段によるコミュニケーションを**非言語コミュニケーション**といいます。対人コミュニケーションを分類してみると，言語的コミュニケーションはその一部にすぎず，さまざまな非言語的コミュニケーションが日常的に展開されていることがわかります（図 6.6）。たとえば，非言語的コミュニケーションの中でも，**対人距離**は相手との親しさに関係しており，自身の心のなわばりの大きさ（**パーソナルスペース**）が相手によって広がったり狭まったりします（表 6.2）。建築設計に携わる人たちは個人の住まいや職場の広さ・

表 6.2　対人距離に関する 4 つのゾーン（Hall, 1966 より改変）

ゾーン	相手	特徴	近接相		遠方相	
			距離	距離の意味	距離	距離の意味
密接距離	家族・親友・カップル	とても親しい間柄でだけ許される空間	0〜15cm	抱きしめることができるほど非常に近い距離	15〜45cm	手に触れたり手を握ったりできる距離
個体距離	友人・知人	相手の表情や視線を読みとることができる空間	45〜75cm	相手をすぐに捕まえることができるくらいの距離	75〜120cm	話者と相手が共に手を伸ばせば接触できる程度の距離
社会距離	ビジネスの相手・社交仲間	相手の表情や視線の詳細はわからないが,ふつうに会話が可能な空間	120〜210cm	初対面の者同士が会話をはじめられるくらいの距離	210〜360cm	公的な会見や商談,社交などに用いられる距離
公衆距離	公共の場での集まり	多くの相手を見渡せる空間	360〜750cm	講義や講演などで公衆への語りかけは可能だが,個人的な関係は築けない距離	750cm〜	相手の表情や全身の動きがわかりにくく,音声や身ぶり・手ぶりを大きくする必要がある距離

間取りを決めるのに，暗黙裏にこうした対人距離の長さやパーソナルスペースの大きさを考慮に入れています（堀部，2019）。

6.3.4　コミュニケーションの多様性と普遍性

　社会や文化によって用いられる言語が異なることは容易に想像できます。先ほどの「意味の三角形」に示されるように，人の思考と言語は深く結びついています。そのため，どのような言語を獲得しているかによって，ものの見方や考え方が変わってくることは大いにあり得ます。人の思考様式は言語によって決まる（または，言語の影響を強く受ける）という考え方は，言語相対仮説とよばれています（2 人の提唱者の名前をとってサピア=ウォーフ仮説ともいいます）。たとえば，日本語では「姉」と「妹」を区別し，両者を合わせて「姉妹」といいますが，英語の場合は，「姉」も「妹」も区別せずに「sister」で，両者を合わせるときは単に複数形の「sisters」が使われています。そうすると，

英語で自身の思考をコントロールし，物事の考えを進める人たちは，どちらが年長でどちらが年少であるかという部分はほとんど気にしていないのかもしれません。このことは，非言語コミュニケーションにもあてはまります。ある特定の動作やしぐさが国や地域によって受け止められ方がまったく異なることはよくあります。

　その一方で，人の思考は，獲得した言語によって左右されないという考え方（言語普遍説）があります。特定の言語や社会・文化の枠組みを超えて，コミュニケーションが共通した特徴を含んでいることもまた事実です。喜怒哀楽をはじめとする人間の基本感情を表す表情は，地球上のどの地域でもだいたい伝わります。そうした非言語コミュニケーションだけでなく，言語に関わるものであっても，次のような例から，何らかの共通性がうかがわれます。図 6.7 のような 2 つの図形を見せて，「どちらが『ブーバ (bouba)』でどちらが『キキ (kiki)』ですか」と尋ねると，どの言語圏・文化圏でも 95％くらいの人は（子どもでも大人でも）「左の図形がキキで，右の図形がブーバだ」と答えます。こうした言語（単語）による音の響きと図形の視覚的印象との間には，獲得した言語や社会・文化の枠組みを超えた何らかの共通性があると考えられています（ブーバ・キキ効果）。

図 6.7　ブーバ・キキ効果を調べるためのテスト図形（Ramachandran, 2003 より改変）

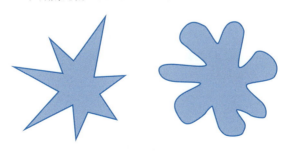

コラム 6.1 人工知能（AI），チューリングテスト，シンギュラリティ

人工知能（AI）とは「言語の理解や推論，問題解決などの知的行動を人間に代わってコンピュータに行わせる技術」，または「コンピュータによる知的な情報処理システムの設計や実現に関する研究分野」とされています。たとえば，ある人がコンピュータや携帯電話で誰かとふつうに対話（チャットや音声通話）をしていて，最後まで対話の相手が AI と気づかなかったとしたら，少なくともその対話に関しては，AI は違和感を抱かせない程度に人間らしいやりとりが可能であったと考えることができます。これは，（考案者のアラン・チューリングの名をつけて）チューリングテストとよばれ，AI の性能を推しはかる一つの基準であると考えられています。

また，シンギュラリティ（技術的特異点）とは，1980 年代から AI 研究者の間で用いられるようになった専門用語で，AI が自己学習を続けていくうちに，ついに人間の知能と同じレベルの AI が誕生するという時点を表しています。一般に，人間の知能と等しくなった AI はシンギュラリティを起点に加速度的な進歩を遂げると予測されています。

参 考 図 書

平田 オリザ（2012）．わかりあえないことから──コミュニケーション能力とは何か── 講談社

今井 むつみ（2010）．ことばと思考　岩波書店

今井 むつみ・秋田 喜美（2023）．言語の本質──ことばはどう生まれ，進化したか── 中央公論新社

小塩 真司（編著）（2021）．非認知能力──概念・測定と教育の可能性── 北大路書房

スタンバーグ，R. J. 小此木 啓吾・遠藤 公美恵（訳）（1998）．知脳革命──ストレスを超え実りある人生へ── 潮出版社

復 習 問 題

1. 知能の構造にはどのような考え方があるか説明してください。
2. 知能にはどのような種類のものがあるか説明してください。
3. 知能テストと知能指数について説明してください。
4. ことばのはたらきについて説明してください。
5. 非言語コミュニケーションについて説明してください。

第7章
生涯発達

> 　私たち人間は，他の動物に比べ未成熟なまま生まれるため，生まれてすぐは立つことはもちろん一人で食べることすらできません。つまり，人間は生まれてしばらくは他者のサポートを受けなければ生きていくことができず，成長とともに少しずつ自分一人でできることが増えていきます。この本を読んでいるみなさんは，自分の発達はすでに完成段階にあると思っているでしょうか？　心理学では，人間の発達は子どもの頃に限られたものではなく，生まれてから死ぬまでの一生を通じて続くと考え，これを「生涯発達」とよびます。それでは，私たちは，どのようなプロセスで発達を遂げていくのでしょうか，この章では生涯発達における主要な概念や理論をいくつか紹介します。

7.1　発達における遺伝と環境

　現在では，遺伝による要因と環境による要因が相互に作用することで発達が促されるという考えが一般的ですが，過去には人間の発達を規定する要因は遺伝か環境かといった二項対立の視点で議論されてきました。

　遺伝説では，個人の遺伝子や遺伝的背景が，その後の行動やパーソナリティなどに影響を与えると考えます。この説の中心的な理論として，ゲゼル（Gesell, A.）の成熟優位説があります。ゲゼルは，成熟のメカニズムを重視し，遺伝的要素の成熟が学習（教育や訓練）の要件であると考えました。

　一方，環境説は，家庭環境，教育，文化などの外部環境が個人の行動やパーソナリティに影響を与えると考えます。この説の中心的な理論として，ワトソン（Watson, J. B.）の学習優位説があります。この説では，発達は生まれた後の経験や学習によって決まると考えます。

　また，発達は遺伝因と環境因の両方が影響すると考える説もあります。シュ

テルン（Stern, W.）は，人間の発達は遺伝因と環境因の両方が加算的に影響しているという**輻輳説**を唱えました。つまり，行動やパーソナリティといった個人特性は遺伝と環境の単純な和で決まると考えました。図 7.1 はこの説を図式化したもので，左側に行くほど遺伝の影響が強くなります。

輻輳説と類似したものに**相互作用説**や**環境閾値説**があります。輻輳説は遺伝因と環境因が独立して作用すると考えましたが，相互作用説や環境閾値説は，遺伝因と環境因が発達に相互に影響し合うという理論です。環境閾値説はジェンセン（Jensen, A. R.）により提唱され，特性によって環境因から受ける影響の大きさが異なり，環境がある一定の水準（閾値）に達したときにその特性が発現する（環境の閾値が低い特性ほど遺伝因が発達に現れる）という考え方です。図 7.2 は環境閾値説を図に表したもので，特性 A のように閾値が低いも

図 7.1 ルクセンブルガーによる輻輳説の模式図（岡田，1954 をもとに作成）

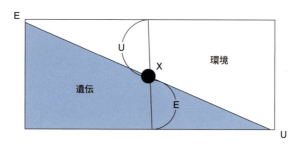

図 7.2 ジェンセンの環境閾値説の模式図（東，1969 をもとに作成）

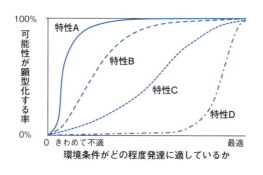

のは，環境が劣悪である場合を除き遺伝的要因が大きく影響します。一方，特性Dのように閾値が高い場合には，適切な環境が整ってはじめて遺伝的要因の影響が生じます。

7.2 発達段階説

　人間の発達には，身体的・精神的な成長の観点から，いくつかの段階に分けることができます。それぞれの段階に特徴があり，健全な発達のために各段階（年齢）で達成するべき課題があるといわれています。現在の発達課題を知ることで，正常に発達できているか否かを判断する手がかりとなります。

7.2.1 エリクソンの心理社会的発達理論

　エリクソン（Erikson, E. H.）は，個人の一生涯にわたる発達は社会との相互作用の中で成立すると考えました。エリクソン（Erikson, 1997 村瀬・近藤訳 2001）は，人の発達過程を「乳児期」「幼児期初期（幼児期）」「遊戯期（児童期）」「学童期」「青年期」「前成人期」「成人期（壮年期）」「老年期」の8つの段階に分け，各段階で乗り越えるべき発達課題（心理社会的危機）があると考えました（表7.1）。さらに，各段階の発達課題を解決し，危機を乗り越え

表7.1　エリクソンの心理社会的発達理論

段階	時期	心理的課題	獲得する力
I	乳児期（0〜1歳頃）	基本的信頼 対 基本的不信	希望
II	幼児期初期（1〜3歳頃）	自律性 対 恥，疑惑	意志
III	遊戯期（3〜6歳頃）	自主性 対 罪悪感	目的
IV	学童期（7〜11歳頃）	勤勉性 対 劣等感	適格
V	青年期（12〜20歳頃）	アイデンティティ 対 アイデンティティ拡散	忠誠
VI	前成人期（20〜30歳頃）	親密 対 孤立	愛
VII	成人期（30〜65歳頃）	生殖性 対 停滞	世話
VIII	老年期（65歳頃）	統合 対 絶望，嫌悪	英知

ることで次の発達段階に進むとともに，力を得て成長できるとしています。

たとえば，乳児期の発達課題は「基本的信頼 対 基本的不信」で，乳児は母親や周囲の人から愛情を受けることで「基本的信頼感」を獲得し，「希望」を得ることができます。一方，親の不在や，母親から愛情や安心を得られない場合，「基本的不信」となり，乳児の発達に支障が生じる可能性があります。

さらに心理社会的発達理論の中心的な概念として，「アイデンティティ」があります。アイデンティティは，「個人が自分の内部に斉一性（自分は誰とも違う自分である）と連続性（過去，現在，将来まで自分は自分であり続ける）を感じられること，他者がそれを認めてくれることの両方の事実の自覚」（Erikson, 1959 西平・中島訳 2011）と定義されます。そして，青年期の発達課題として，自分は何者で，何を大切に生きており，今後どのように生きていくのかを明確にすること（アイデンティティの確立）が求められます。

7.2.2 ユングのライフサイクル理論

ユング（Jung, 1960）は，人生を「少年期」「成人前期」「中年期」「老人期」の4段階に分け，人の一生を一日の太陽の動きにたとえました。図7.3の半円図の左半分が「人生の午前（少年期，成人前期）」，中央を40歳頃として「人

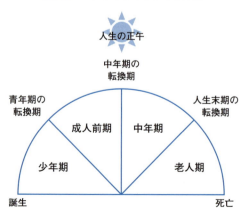

図7.3 ユングのライフサイクル論

生の正午」，右半分が「人生の午後（中年期，老人期）」です。ユングは，人生において最大の危機は「人生の正午」にあるとしています。この時期は，人生の前半と後半の境であり，人生の後半（午後）に移行する重要な転換期とされています。この時期に生じる問題は，これまで対処できていた方法では解決できず，価値観やものの見方や考え方を大きく変えていかなければならないと考えられています。

7.2.3 ハヴィガーストの発達課題

ハヴィガースト（Havighurst, 1948 児玉・飯塚訳 1997）は，人が健全で幸福な発達を遂げるために，各発達段階で達成すべき課題（発達課題）があると提唱しています。ハヴィガーストは人生を乳幼児期，児童期，青年期，早期成人期，中年期，老年期の6段階に分け，それぞれの段階で達成すべき5～10項目の発達課題を示しています（表7.2）。

発達課題を達成すると幸福感を感じやすくなり，次の発達段階の課題の達成

表 7.2 ハヴィガーストの発達課題 (齊藤，2018 から抜粋)

発達段階	発達課題
乳幼児期 （0～6歳）	歩行の学習／固形食摂取の学習／しゃべることの学習／排泄の統制を学ぶ　など
児童期 （6～12歳）	通常の遊びに必要な身体的技能を学ぶ／読み書きと計算の基礎的技能を発達させる／日常生活に必要な様々な概念を発達させる／社会集団や社会制度に対する態度を発達させる　など
青年期 （12～18歳）	同年代の男女との新しい成熟した関係を結ぶ／自分の体格を受け入れ，身体を効率的に使う／親や他の大人たちから情緒面で自立する／行動の指針としての価値観や倫理体系を身につける　など
早期成人期 （18～30歳）	配偶者の選択／家庭を作る／育児／職業の開始　など
中年期 （30～60歳）	10代の子どもが責任を果たせる幸せな大人になるよう援助する／大人の社会的な責任，市民としての責任を果たす／職業生活で満足のいく地歩を築き，それを維持する／大人の余暇活動を作りあげる　など
老年期 （60歳以降）	体力と健康の衰退への適応／退職と収入の減少への適応／配偶者の死に対する適応／自分の年齢集団の人と率直な親しい関係を確立する　など

第 7 章　生涯発達

表7.3　フロイトの心理性的発達理論

発達段階	特　徴
口唇期 （0～1歳半）	母親との接触がみられ，依存的受動的な特徴が形成される。おしゃぶりやかみつきなど活動エネルギーは主に口唇に向かう。
肛門期 （1～3歳）	子どもは排便を意識し，トイレットトレーニングが可能になる。主張的能動的特徴が形成される。
エディプス期 （4～6歳）	エディプスコンプレックス*が生じ，性的な役割を形成する。この時期に男女の性的違いに気づいていく。 *異性の親に対する性愛的愛着を抱き，同性の親に対するライバル意識や嫉妬を抱く現象。
潜伏期 （6歳～思春期）	性欲動が抑圧され，社会的規範の学習や知的活動にエネルギーが消費される。思春期以降まで潜伏するとみなされている。
性器期 （思春期～青年期）	自らの身体に向けられていた活動エネルギーが統合され，身体的成熟とともに性器性欲が出現する。全人格を認めた性愛が完成する。

も容易になります。一方で，課題を達成できなければ，社会からの承認を得ることがむずかしくなり，次の発達段階の課題の達成も困難となります。

7.2.4　フロイトの心理性的発達理論

　フロイト（Freud, 1916-1917）は，幼児期から青年期までの性的欲求（リビドー）の変化を中心に発達をとらえました。リビドーは発達過程でかたちを変えて成熟し，リビドーが向かう身体の部位も変化すると考えました。また，フロイトは，口唇期，肛門期，男根期（エディプス期），潜伏期，性器期の5つの発達段階を想定し，リビドーが各発達段階においてどのように処理されるかによってパーソナリティが形成されると説明しています（表7.3）。

7.3　運動の発達

　誕生して生後4週未満の時期を新生児期といい，この時期にしか観察されない運動に原始反射があります。原始反射は特定の刺激に対し，中枢神経系によって引き起こされるものです。通常は，出生後直後から反応がみられ，生後数カ月で自然に消失します。代表的な原始反射には表7.4のようなものがあり

7.4 認知の発達

表7.4 新生児期の原始反射

原始反射	内　　容
吸啜反射	口の中にものが入ると吸う。
口唇探索反射	口元に触れると，触ったほうに顔を向ける。
モロー反射	振動や大きな音に対し，抱きつくような姿勢をとる。
把握反射	手のひらを刺激すると手指を閉じて握る。
歩行反射	体を支えて立たせると，歩くように足を交互に運ぶ。

ます。

　その他にも生後2カ月頃までの特徴として，**生理的微笑**があります。生理的微笑は寝ているときやまどろんでいるときに現れるもので，外的な刺激や情緒に関係なく現れる反射の一つと考えられています。その後，人の顔や声に反応して生じる**社会的微笑**が出現します。

　乳児期（生後4週間～1歳）は運動機能が急速に発達する時期で，首がすわる，寝返りする，お座りする，ハイハイする，つかまり立ちする，支えなしで立つ，歩く，走るという一定の順序で進みます。また，運動機能の発達は，身体の中心（中枢）から手足の先（末梢）へ，走る，跳ぶなどの全身を使った**粗大運動**からつまむなどの手や指先を使った繊細な動きである**微細運動**へと一定の方向で進みます。

7.4 認知の発達

7.4.1 ピアジェの認知発達理論

　ピアジェ（Piaget, 1953 芳賀訳 1965）は，子どもの認知機能の発達は，子どもと環境との相互作用を通して4つの段階を経て進むと考えました。ピアジェの認知発達段階説では，発達段階は次のとおりです。

1. 感覚運動期（0～2歳）

　ことばを使えないため，見る，触る，なめるなど身体の感覚や運動を通して環境を把握しようとする時期です。また，目の前から対象物が見えなくなっても，そこに存在し続けることが理解できる「**対象の永続性**」を獲得します。対

図 7.4 ピアジェの 3 つの山問題 (Piaget & Inhelder, 1956 をもとに作成)

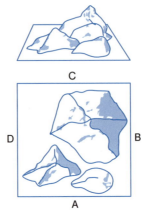

子どもを模型の A 側に着席させ，異なる側面（例：C 側）に人形を配置します。次に，子どもに模型をさまざまな側面から模写した絵カードを呈示し，人形からの見え方に一番近い絵カードを選択させます。

図 7.5 ピアジェの保存課題 (Butterworth & Harris, 1994 村井監訳 1997)

特性	段階 1 子どもは，2 つの対象の特性に関して同じであることを認める	段階 2 対象が並びかえられて，子どもがその特性について同じかどうかを問われる
量 (それぞれの容器における液体の量)	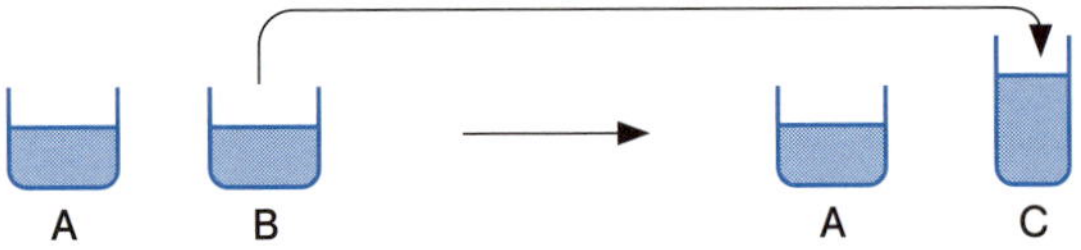 A　B	A　C
数 (それぞれの列における数える物の数)	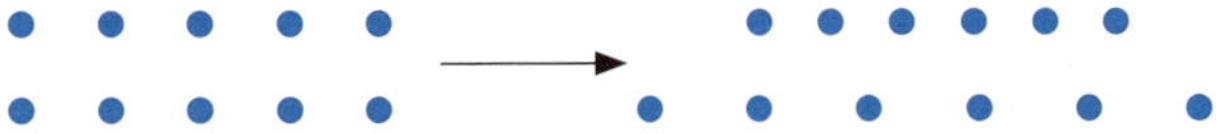	
長さ (それぞれの棒の長さ)		

象の永続性が未獲得の赤ちゃんは，目の前で対象物が布で覆い隠されると，対象物が消えてなくなったと認識します。

2. 前操作期（2 〜 7 歳）

　現実にない物事を他のものに置き換えて表現する表象機能（イメージ化）が発達し，ごっこ遊びやふり遊びなどの行動に現れる時期です。ただし，論理的に考えることがむずかしく直観的に判断するため，自分の視点しかもてず視点の切り替えができない「自己中心性」がみられ，「3 つの山問題」（図 7.4）や「保存課題」（図 7.5）をまちがえる傾向にあります。

3. 具体的操作期（7 〜 11 歳）

　直接見たり触ったりできる具体的な事物について論理的に考えられるようになる時期です。その例として，他者と自分とでは見えている世界や考え方が異なると理解し，他者視点をもてるようになります（脱中心化）。また，見た目に惑わされず筋道を立てて考える能力を獲得し，形や状態が変わっても重量や体積は変化しないという「保存の概念」を理解できるようになります。

4. 形式的操作期（11 〜 15 歳）

　自分で実際に体験したものではなくても，頭の中でさまざまな可能性をイメージしながら問題を考えることができるようになる時期です。また，この時期には，過去の経験や知識を用いて，仮説を立て，結果を予測する仮説的思考や推論といった思考力も発達します。

7.4.2　ヴィゴツキーの社会・文化的発達理論

　ヴィゴツキー（Vygotsky, 1930–1931 柴田監訳 2005）は，人の認知機能は他者との関わりの中で言語という道具を媒介にして発達し，まず人と人の間の機能として現れ，その後，子どもの内部の機能として成立すると考えました。たとえば，言語は，他者とのコミュニケーション手段である外言（他人と話すための言語）として発達し，その後，個人内に内在化されることで自分自身へのはたらきかけの手段である内言（考えるための言語）に転化すると考えられています。

　また，ヴィゴツキー（Vygotsky, 1934 柴田訳 2001）は，子どもの知的発達水

図7.6 ヴィゴツキーの発達の最近接領域

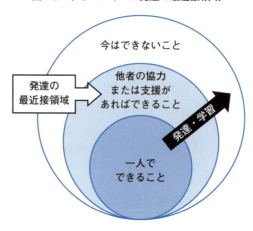

準の変遷をとらえる概念として「発達の最近接領域」を提唱しています（図7.6）。発達の最近接領域とは，子どもが自力で問題解決することはむずかしくても，大人や同年齢者との共同であれば解決できる水準を指します。一人で解決できない問題も，最初は他者の援助を得ることで徐々に自力で解決できるようになり，また新たな最近接領域の中で新しい能力を獲得していくと考えられています。

7.5 言語の発達

　言語は人間が他者とコミュニケーションをとるために不可欠なツールで，乳児期から児童期にかけて飛躍的に発達します。表7.5は乳児期以降の言語の獲得の推移を表したもので，音声，単語，文法の順で獲得されます。

　まず，生後2カ月頃から機嫌の良いときなどに「あー」「くー」のような発声をするクーイングが現れます。生後4カ月頃になると「あーあーあーあー」といった比較的長い発声である喃語が出現します。そして，生後6カ月を過ぎると「ば，ば，ば」といった子音と母音が区別された音を発生するようになります。これを規準喃語とよびます。1歳前後になると初語という特定の意味を伴ったはじめてのことばを発します。初語の出現以降，「マンマ（ごはん）」や

7.6 愛着の発達

表 7.5 言語の発達

年齢	内　容
2 カ月頃	「あー」「くー」などのクーイングが出現
4 カ月頃	「あーあーあーあー」などの喃語が出現
6 カ月以降	「ば，ば，ば」などの規準喃語が出現
1 歳前後	「マンマ」「ブーブー」などの一語文が出現
1 歳半前後	「ワンワンきた」などの二語文が出現
2 歳前後	「ママおもちゃとって」などの三語文が出現

「ブーブー（車）」など意味のある単語（**一語文**）を話すようになります。1 歳半を過ぎると，獲得する語彙が急速に増える語彙爆発が生じ，同時に「ワンワンきた」など 2 つの単語を組み合わせた発話（**二語文**）をするようになります。2 ～ 3 歳頃には 3 語以上のことばをつないで話す三語文を話すことができ，その後，日常会話ができるようになっていきます。

7.6 愛着の発達

　人は他者との情動的なやりとりを通して他者との関係を形成します。その中で乳幼児期において重要な関係の中に**愛着（アタッチメント）**があります。愛着とは，特定の対象者との間に形成される情緒的な結びつきで，ボウルビィ（Bowlby, J.）によって提唱されました（Bowlby, 1969 黒田ら訳 1997; Bowlby, 1973 黒田ら訳 1995）。乳児は養育者との間に愛着を形成することで，安心感や安全感を得ることができます。また，乳幼児期に愛着に基づいた人間関係を築くことが，その後の社会性の発達に重要な役割を果たします。

　愛着は年齢とともに徐々に発達していきます（Bowlby, 1969 黒田ら訳 1997）。出生から 3 カ月頃までの乳児は，誰に対しても愛着行動（追視する，手を伸ばすなど）を示します。生後 3 ～ 6 カ月頃になると，特定の養育者（親や家族）とそれ以外の人を区別し，養育者に対して愛着行動（ほほ笑むなど）をみせることが多くなります。生後 6 カ月～ 2，3 歳頃になると，乳児は不安を感じると自分から養育者に近づいていくようになります。養育者の姿が見えなくなる

と強い不安を示し，養育者の後を追ったりします（**分離不安**）。また，7，8カ月頃から見知らぬ人に対して「**人見知り**」がみられます。さらに，この時期の後半には，養育者を「**安全基地**」として位置づけ，外の世界への探索行動を行うようになります。3歳頃には，愛着行動が減少しはじめ，養育者がいなくても愛着を維持できるようになっていきます。

7.7 対人関係の発達

発達初期の子どもの対人関係は親やきょうだいなど家族が中心ですが，発達とともに家族以外の他者との関わりをもつ機会が増加してきます。幅広い対人関係を形成することは自分とは異なる他者の考えや感情を理解したり，社会的スキルを身につける上で重要な経験となります。

乳幼児期は，大人とのやりとりから，次第に同年代の子どもが遊び相手の中心となります。さらに，児童期になると子どもは親離れが進み，児童期から青年期にかけて，形成する仲間集団の特徴や役割も変化していきます。

1. ギンググループ

小学校高学年頃になると，5名程度の同性，同年齢の結束力や閉鎖性の高い集団を形成するようになります。こうしたグループを「**ギンググループ**」とよびます。これは男子に多くみられ，遊びなど同一行動による一体感を重視します。その他にも権威に対する反抗性や，他集団に対する対抗性が強いといった特徴があります。

2. チャムグループ

中学生頃になると，興味や関心が近く，悩み事も相談できるような親密な仲間関係を形成します。このようなグループは「**チャムグループ**」とよばれ，とくに女子に多くみられます。チャムグループでは，仲間内でお互いが同じであることを確認することが多く，同じ持ち物を持つ，独自のルールを共有するなどの同調が起こりやすいことが特徴です。

3. ピアグループ

高校生頃になると，それまでよりも成熟した仲間関係である「**ピアグルー**

プ」を形成するようになります。お互いに異なった考えをもつ自立した個人として認め合い，価値観や理想，将来の生き方などについて語り合う関係性を形成します。ピアグループは同年齢に限らず，異性を含むことが多いのも特徴です。

　ただし，近年の少子化，遊びの時間や空間の減少，さらには SNS などの普及によるこれまでにはなかった友人関係の形成など，子どもを取り巻く状況が変わってきたことにより，仲間集団のあり方も変化しているとの指摘もあります。

参 考 図 書

日本発達心理学会（編）（2013）．発達心理学事典　丸善出版

子安 増生（編）（2016）．よくわかる認知発達とその支援　第 2 版　ミネルヴァ書房

田島 信元・岩立 志津夫・長崎 勤（編）（2016）．新・発達心理学ハンドブック　福村出版

復 習 問 題

1. ジェンセンの環境閾値説について説明してください。
2. エリクソンの心理社会的発達理論の心理的課題にはどのようなものがあるか説明してください。
3. ピアジェの認知発達理論の前操作期の特徴を説明してください。
4. ヴィゴツキーの発達の最近接領域について説明してください。
5. 言語がどのように発達するか説明してください。

コラム 7.1　エイジング・パラドックス

　高齢になると心身機能の低下などによる健康の喪失，配偶者や親しい友人との死別による人間関係の喪失，退職による社会的役割の喪失などさまざまな喪失体験を経験します。しかし，高齢期では多くの喪失体験を経験するにもかかわらず，幸福感は低下しないことが報告されています（Carstensen et al., 2000）。この現象は「エイジング・パラドックス」とよばれます。

　なぜこのような現象が起こるのでしょうか。エイジング・パラドックスは，加齢に伴う喪失にうまく対処することで生じると考えられています。これを説明する理論として「補償を伴う選択的最適化理論」（Baltes, 1997）と「社会情動的選択性理論」（Carstensen et al., 1993）があります。

　「補償を伴う選択的最適化理論」は，①目標を切り替えたり，目標の達成水準を下げる「目標の選択」，②目標に対して自分がもつ資源を効率よく割り振る「資源の最適化」，③他者の助けなどこれまで使っていなかった補助を使う「補償」，の3つの方略によって加齢による喪失を補い，幸福感を維持すると考えます。たとえば，マラソンランナーが高齢になり，思うように走れなくなったとき，少しでも良い記録を出すことよりも楽しく完走することを目標とし（目標の選択），完走を目標にした練習方法を取り入れ（資源の最適化），新たにトレーナーの指導や家族からの応援を受けることで（補償），目標が達成しやすくなり，結果的に幸福感も高まると考えられます。

　また，「社会情動的選択性理論」によると，高齢者が残された時間に限りがあると認識すると，情報選択の際に，将来のために役立つ新しい情報よりも，現在の満足感を重視し，幸福感を高める情報を優先的に獲得しようとします。つまり，高齢期になると精神的な安らぎを求め，幸福感や満足感に結びつく活動に注力するようになるのです。

第8章 パーソナリティ

　「あの人みたいに楽観的になりたい」「あの人は性格が良いよね」など，私たちは日々，自分自身や他者の性格について話題にすることが多いといえます。また，「あの人は人格者だ」「彼は気性が荒い」「彼女は私たちのグループの中では濃いキャラ（クター）だ」など，個人の性質や特徴を表現する際に，人格や気性（あるいは気質），キャラクターといったことばを使うこともあります。心理学において，性格や人格，気質などといった用語は歴史的な経緯は異なるものの，ほぼ同義の意味として使用されてきました。なぜなら，いずれも英語では personality という単語に対応するものだからです。このような背景から，近年，心理学ではこれらの用語をまとめて，カタカナで「パーソナリティ」とよんでいます。実際に，日本で 1992 年に発足した日本性格心理学会も，2003 年に日本パーソナリティ心理学会へと名称変更されています。後に紹介する著名なパーソナリティ研究者の一人であるオルポート（Allport, G. W.）は，1937 年に，著書 *Personality: A psychological interpretation*（パーソナリティの心理学）を発刊し，パーソナリティ心理学を立ち上げたといわれています。彼は，パーソナリティを「個人を特徴づけている行動と思考とを決定するところの精神・身体的システムであって，その個人の内部に存在する力動的な組織である」と定義しています。この章では，これまでの研究で明らかにされてきたパーソナリティに関する理論や測定法などについて解説します。

8.1 パーソナリティとは

8.1.1 類 型 論

　100 人いれば，100 通りのパーソナリティがあると考えられる一方で，大学ではじめて会った人であるにもかかわらず，高校時代の友人と人柄や考え方，雰囲気などが似ていて親近感を覚える，といったことがあります。この場合，パーソナリティにはいくつかの典型的なグループがあることになります。この

ように，パーソナリティをいくつかの典型像に分類し，それによってパーソナリティの理解や記述を容易にしようとする立場を類型論といいます。代表的な類型論研究者の一人はドイツの精神科医であるクレッチマー（Kretschmer, E.）です。彼は4千人を超える患者を対象に調査を行い，精神疾患患者には疾患ごとに特有の体格があると主張し，それが一般の人のパーソナリティにも応用できることを提示しました（Kretschmer, 1921 相場訳 1960）（図 8.1）。他にもシュプランガー（Spranger, E.）による「生の形式」やユング（Jung, C. G.）による「心理学的類型論」など，有名な類型論がいくつか提唱され，注目を集めました。しかし，その単純さゆえに問題点も多く，現在ではどちらかといえば古典的な意味で取り上げられることのほうが多いといえます。

　類型論に関連して，多くの人が聞いたことがあるものといえば，血液型とパーソナリティとの関係性でしょう。A型は几帳面で，B型はマイペース，O型はおおらかで，AB型は二面性をもつ，などといった血液型によるパーソナリティ判断はここでいう類型論に該当し，今もなお根強く雑誌やテレビなど

図 8.1　**クレッチマーの体型説**（Kretschmer, 1921 相場訳 1960：詫摩，1990）

体　型	類型と性格特徴
細長型	**分裂質**
	共通の基本的特徴……非社交的，静か，控え目，まじめ（ユーモアを解さない），変人。
	過敏性の性質…………臆病，恥ずかしがり，敏感，感じやすい，神経質，興奮しやすい。
	鈍感性の性質…………従順，気立よし，正直，落着き，鈍感，愚鈍。
肥満型	**躁うつ質**
	共通の基本的特徴……社交的，善良，親切，温厚。
	躁状態の性質…………明朗，ユーモアあり，活発，激しやすい。
	鬱状態の性質…………寡黙，平静，陰うつ，気が弱い。
闘士型	**てんかん質**
	共通の基本的特徴……かたい人間，物事に熱中する，きちょうめん，秩序を好む。
	粘着性の性質…………精神的テンポが遅い，まわりくどい，人に対して丁寧でいんぎん。
	爆発性の性質…………興奮すると夢中になる，怒りやすい。

で取り上げられています。しかしながら，こうした判断は一種のステレオタイプであり，血液型によってネガティブなパーソナリティのレッテルが貼られるブラッドタイプ・ハラスメントにもつながることが懸念されます。これまでも血液型とパーソナリティの関連性は一貫して確認されていません。たとえば，縄田（2014）が日本とアメリカにおける1万人以上の大規模な社会調査データをもとに血液型とパーソナリティの関連性を検討したところ，日本とアメリカ，どちらにも関連性を示す結果はほとんどみられず，血液型とパーソナリティは無関連であると結論づけられています。心理学を学ぶ上で，このようないわゆるポピュラーサイコロジーについても正しい理解を得ることが重要であるといえるでしょう。

8.1.2 特 性 論

一定した行動傾向やそのまとまりを特性といいます。特性論の基本的な立場では，「神経質」や「協調的」というパーソナリティ特性は，誰もが共通してもっているものとして考えます。そして，個々人のパーソナリティの違いは，そのような特性が強いか弱いか，多いか少ないかの量的な差，すなわち程度の差によって決まるものであり，類型論のような質的な差で決まるのではないと考えられています。

では，パーソナリティを表す特性はどのように選定されてきたのでしょうか。アメリカのパーソナリティ研究者であるオルポート（Allport, G. W.）らは，『ウェブスター新国際英英辞典』に収録されていたおよそ40万に及ぶ単語から，パーソナリティに関する単語を網羅的に検索し，およそ1万8千語を抽出しました（Allport & Odbert, 1936）。そして，それらをすべての個人がもつ少数の共通したパーソナリティ特性である共通特性と，一人ひとりの個人がもつ無数に存在するパーソナリティ特性である個別特性の2つに分類しました。

その後，ドイツ出身のパーソナリティ研究者であるアイゼンク（Eysenck, H. J.）が特性論の基盤となるモデルを提案しました。アイゼンクは外向性―内向性という両極をもつ軸と，神経症傾向―安定性という両極をもつ軸を想定し，人のパーソナリティはこの2つの軸上のどこかに位置づけられると考えたので

図 8.2 アイゼンクの特性論

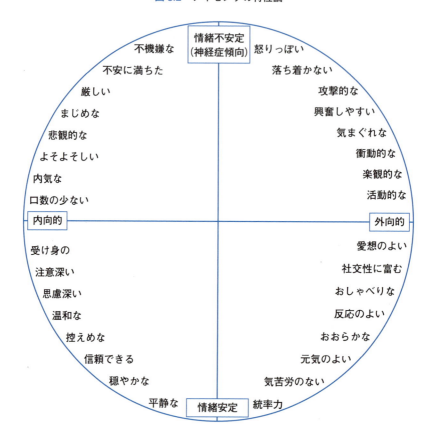

す（図 8.2）。外向性―内向性は，他者と積極的に関わるかどうかを表すパーソナリティ特性であり，外向性が高いほど明るく活発な一方で，内向性が高いほどもの静かでおとなしいといわれます。また，神経症傾向―安定性は感情的反応が強いかどうかを表すパーソナリティ特性であり，神経症傾向が高いほど不安が強くて落ち込みやすく，安定性が高いほど落ち着いてのんびりしています。アイゼンクはその後，第 3 の軸として，自己中心的，衝動的，攻撃的などの特徴をもつ精神病傾向という新たな特性に関する軸を提案し，パーソナリティの 3 次元的表現も試みています。

8.2 パーソナリティの測定

　就職活動の面接などにおいて，「あなたはどのような性格ですか？」と質問されることがあります。自分自身のことなので，誰よりもよくわかっているはずですが，あらためて考えてみると，どのように答えるか意外と悩むのではないでしょうか。このような問いに対して，あなた自身のパーソナリティが何らかの方法で測定されていれば，その結果をもとに答えることができそうです。これまで心理学では，パーソナリティを測定するためにさまざまな方法が開発されてきました。ここでは，代表的な質問紙法，作業検査法，投影法，面接法について説明します。

8.2.1 質問紙法

　質問紙法とは，いわゆるアンケート調査の一種であり，参加者に「活発で人付き合いが良いほうだと思う」などの文章を読んでもらい，それに対して「まったく違うと思う」「どちらでもない」「強くそう思う」などといった複数の選択肢をもとに，自分にあてはまるかどうかを判断させる方法です。広い範囲から質問項目を集めて作成することができ，実施や採点が比較的簡便で，集団でも実施が可能です。しかしながら，質問項目を正しく理解できる人でなければ実施がむずかしい，あるいは実施者を意識して見せかけの回答ができてしまう，などの問題点もあります。質問紙法によるパーソナリティ検査は，120項目からなる YG（矢田部ギルフォード）性格検査，550項目からなるミネソタ多面人格目録（Minnesota Multiphasic Personality Inventory; MMPI）など，多くの種類が開発されています。

　中でも有名な検査の一つは**ビッグファイブ**という特性論に基づいた質問紙です。ここでは，「外向性」「勤勉性」「開放性」「協調性」「神経症傾向」といった5つの代表的な特性をビッグファイブとして位置づけました。外向性は温かく，社会的，活動的な特性，勤勉性は能力のある，秩序を重視する，良心のある特性，開放性は空想的な，美を愛する，感情的な特性，協調性は信頼する，実直な，利他的な特性，神経症傾向は不安が高い，敵意的な，抑うつ的な特性

図 8.3 **TIPI-J**（小塩ら，2012）

○1 から 10 までのことばがあなた自身にどのくらい当てはまるかについて，下の枠内の 1 から 7 までの数字のうちもっとも適切なものを括弧内に入れてください。文章全体を総合的に見て，自分にどれだけ当てはまるかを評価してください。

全く 違うと思う	おおよそ 違うと思う	少し 違うと思う	どちらでも ない	少し そう思う	まあまあ そう思う	強く そう思う
1	2	3	4	5	6	7

私は自分自身のことを……

1. （　　　　　）活発で，外向的だと思う
2. （　　　　　）他人に不満をもち，もめごとを起こしやすいと思う
3. （　　　　　）しっかりしていて，自分に厳しいと思う
4. （　　　　　）心配性で，うろたえやすいと思う
5. （　　　　　）新しいことが好きで，変わった考えをもつと思う
6. （　　　　　）ひかえめで，おとなしいと思う
7. （　　　　　）人に気をつかう，やさしい人間だと思う
8. （　　　　　）だらしなく，うっかりしていると思う
9. （　　　　　）冷静で，気分が安定していると思う
10. （　　　　　）発想力に欠けた，平凡な人間だと思う

※項目 2，6，8，9，10 は逆転項目（反対の意味）です。各パーソナリティ特性を次のように計算しましょう。外向性：（項目 1 ＋（8 －項目 6），協調性：（8 －項目 2）＋項目 7，勤勉性：項目 3 ＋（8 －項目 8），神経症傾向：項目 4 ＋（8 －項目 9），開放性：項目 5 ＋（8 －項目 10）

をそれぞれ示しています。ビッグファイブを測定する尺度はこれまでたびたび開発されてきましたが，近年，10 項目でそれらを測定可能な尺度である TIPI（Ten Item Personality Inventory）の日本語版が開発されています（小塩ら，2012；図 8.3）。

8.2.2　作業検査法

　作業検査法は，参加者に一連の決まった作業を行わせ，その結果や経過からパーソナリティを判断しようとする方法です。代表的な検査の一つは内田クレペリン検査です（図 8.4）。この検査では，図 8.4 のように数字が 1 行ごとに横に並んでおり，隣同士の数字を足し算し，その答えを数字と数字の間に記録します。答えが 2 桁の数字になる場合は，1 桁目のみを記述します（たとえば，7＋9 の場合は，「6」と記入）。この作業をできるだけ速く，向かって左側から右に向けて 1 分間連続的に行います。1 分経過し，合図があれば下の行に移るといったことを繰り返し，これを 15 分間（15 試行）行います。その後，5 分

8.2 パーソナリティの測定

図 8.4　内田クレペリン検査

レンシュウ

```
6 8 2 5 7 9 3 8 4 7 6 5 3 8 6 9 4 6 8 5 4 7 8 6 5 9 7 5 3 8 7 4 6 7 9 6
4 7 6 9 5 3 8 7 4 5 8 9 4 8 5 7 3 9 6 3 8 6 7 8 4 5 9 7 6 4 8 7 5 6 8 3
5 9 4 3 5 7 8 6 5 7 3 8 6 9 5 6 4 7 6 5 3 8 4 9 7 3 6 8 7 6 5 8 4 6 7 9
8 9 5 4 7 8 6 3 8 5 9 6 4 8 7 5 8 3 7 6 9 3 4 7 8 5 7 3 9 7 4 8 3 5 6 8
8 5 3 8 4 9 7 5 4 8 9 3 6 7 8 5 7 6 3 8 7 4 3 9 8 6 5 8 3 6 9 4 7 6 8 5
```

の休憩を挟み，再度 15 分間同様の作業を行います。検査後，各行ごとに最後まで完了した数字を線で結び，作業曲線というものを完成させます。この作業曲線の結果や全体的な平均値をもとに，パーソナリティを検討します。現在では，アルバイトの選考などにおける適性検査の一つとして使用されることがあるようです。

8.2.3　投影法

投影法とは，さまざまな解釈が可能であるあいまいな絵などの刺激を示し，参加者に比較的自由に反応を求め，その反応の中に投影される参加者の欲求，不安，その他のパーソナリティの特徴を理解しようとするものです。投影法には，参加者に検査の意図が伝わりにくく無意識的な反応を得ることができる可能性があることや，多くの年齢層に実施可能であることなどの特徴があります。しかし，検査の実施や解釈に熟練が必要で，かつその解釈に主観や直感が入りやすいこと，また基本的に個別検査であることから，検査者の存在が結果に大きく影響することも問題点として指摘されています。代表的な投影法には，左右対称に描かれたインクのしみの見え方を自由に回答させるロールシャッハ・テスト（図 8.5），人物と背景が描かれたあいまいな絵を見て，短い物語を作るように求められる絵画統覚検査（Thematic Apperception Test; TAT；図 8.6），文章の冒頭部分が提示され，残りの部分を埋めて完成した文章を作成させる文章完成法（Sentence Completion Test; SCT；図 8.7），多様な欲求不満場面が描かれた絵の人物のセリフを記入するように求める P-F（Picture-Frustration）スタディ（図 8.8），描画法などがあります。さらに描画法には，検査者が指定した事物（人，川，山など）を指定の用紙に描き，1 つの風景にするよう求め

図 8.5　ロールシャッハ・テストの図版を模した図

図 8.6　TAT 図版を模した図

図 8.7　SCT の例題

1. 私の家族は _____
2. 今日 _____
3. 私の過去 _____
4. 調子の良い時 _____
5. 父親 _____

図 8.8 P-F スタディを模した図

る風景構成法，既定の白い紙に家，樹木，人を描くように求める HTP（House-Tree -Person）テスト，1本の実のなる木を描くように求めるバウムテストなどがあります。

8.2.4 面 接 法

面接法は，面接者（面接をする人）と被面接者（面接をされる人）との対話によって，被面接者のパーソナリティを測定する方法です．面接法には，あらかじめ仮説に基づいた質問リストの書かれた質問紙を準備しておき，それをもとに手順や所要時間を設定する構造化面接，おおまかな会話のテーマだけを決めておき，後は被面接者とのやりとりに任せる非構造化面接，構造化面接と非構造化面接の中間で，最低限の質問リストだけを用意し，必要に応じて質問の順番や内容を変える半構造化面接の3つがあります．面接法は，調査法等では把握しきれない被面接者の表情や話し方，ジェスチャーなどの非言語的な情報を得ることができるなどのメリットがあります．その一方で，十分なサンプルサイズを確保するまでに時間がかかる，データそのものの解釈に面接者の主観が入りやすいといったデメリットもあげられています．

8.3　パーソナリティの形成

8.3.1　遺伝と環境の要因

　何の予定もない休日。家でのんびりと過ごすことが好きな人もいれば，友人と買い物に行くなど外出を楽しみたい人もいます。また，予定がなく暇なことをストレスに感じる人もいるでしょう。このようなパーソナリティの違いはどのように生まれてくるのでしょうか。以前からパーソナリティの違いには2つの大きな要因が指摘されています。一つは生まれつき備わっている遺伝要因であり，もう一つは経験や養育などによる環境要因です。このどちらの影響が強いかを検討するために，これまで双子を対象とした双生児研究が行われてきました。これらの研究では，双生児の中でもきわめて共通性の高い遺伝情報をもつ一卵性双生児のペアと，約50％の共通する遺伝情報をもつ二卵性双生児のペアを比較することで，遺伝・環境要因の影響を検討しました。その結果，パーソナリティ特性の一つである外向性において，一卵性双生児間での類似度が約49％であるのに対して，二卵性双生児間では約20％にまで下がることがわかりました。この差は知能や認知能力，体重などにおいてはさらに大きくなりますが，遺伝要因がパーソナリティに一定程度影響すると考えておいてまちがいはなさそうです。このような研究は主に行動遺伝学といった領域で中心に進められており，現在では環境と遺伝の影響はおおよそ50％程度ずつみられるといわれています。つまり，たとえ子どもがもともと引っ込み思案なパーソナリティで親が困っていたとしても，その子にとって適切な環境を与えることで，遺伝と環境の組合せにより，パーソナリティが変化し，子どもの行動や発達において望ましい適応につながることがあると考えられます。

8.3.2　国，地域の影響

　「日本人はまじめで礼儀正しい」「大阪の人は元気で，冗談が好き」など，ある国や地域で生まれ育ったことが，あるいはそこでの独自な文化が人々のパーソナリティに影響を与えそうだ，ということは多くの人が一般的に感じていることでしょう。実際にこのような国や地域とパーソナリティとの関連はあるの

8.3 パーソナリティの形成

図 8.9 世界の各地域をパーソナリティ特性によって集約した図（McCrae et al., 2005）

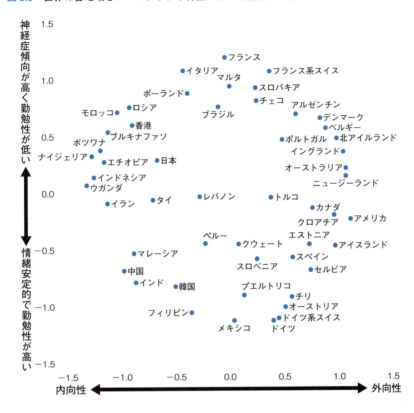

でしょうか。たとえば，51 カ国の地域の大学生を対象に，自分がよく知っている，自分と同じ国で生まれ育った同年代の男性，同年代の女性，成人男性（40 歳以上），成人女性（40 歳以上）のいずれかの人物のパーソナリティの評価を求めた研究があります（McCrae et al., 2005；図 8.9）。この図では縦軸が神経症傾向と勤勉性の低さ，横軸が外向性の高さを示しています。この図をみるとアメリカやオーストラリアは中央の右側に位置しています。つまり，これらの国において神経症傾向はおよそ中程度で，外向的な人が多いイメージといえます。日本は中央やや左側に位置し，どちらかといえば内向的なパーソナリティの人が多いイメージのようです。さらに世界 56 カ国を対象にビッグファ

イブパーソナリティ検査を行った研究もあります（Schmitt et al., 2007）。全体的に日本を含む東アジア地域は内向的で非協調的，勤勉性や開放性が低く，神経症傾向が高いという結果でした。また自分自身をどの程度肯定的にとらえているかという自尊感情の国際比較を行った研究では，日本が最下位であることが報告されています（Schmitt & Allik, 2005）。これらの結果だけをみると，日本人が抱く自国の人の印象はけっして良くなく，むしろ望ましくないパーソナリティと認識されているとさえ感じてしまいます。

　しかしながら，実際の数値をみれば日本人の特定のパーソナリティ特性がきわめて低いわけではなく，自信過剰とはいえないまでも他の国の特性評価が高すぎるといった見方もできそうです。日本人は謙虚な国民性があり，そのことがまた奥ゆかしい日本の文化にもつながっているのかもしれません。また，最初の例に戻れば，日本人でもまじめではなく，礼儀正しくない人もいますし，元気のない，冗談が嫌いな大阪人もたくさんいることでしょう。つまり，国や地域とパーソナリティが関連するという発想はある種のステレオタイプに結びつくものでもあり，こうした解釈には一定の留意が必要です。第16代アメリカ合衆国大統領リンカーン（Lincoln, A.）の名言に「人格は木のようなものであり評判はその影のようなものである。影とは，私たちが人の性格をどう思うかということであり，木こそが本物である」というものがあります。この名言にあるように，パーソナリティにはさまざまな要因が影響し得るものの，その本質を見逃さないようにしたいものです。

参 考 図 書

吉川 眞理（編著）（2020）．よくわかるパーソナリティ心理学　ミネルヴァ書房

小塩 真司（2020）．性格とは何か──より良く生きるための心理学──　中央公論新社

復習問題　　　111

コラム 8.1　非認知能力

　近年，教育現場で「非認知能力」（小塩，2021）ということばを耳にするように
なってきました。文部科学省の中央教育審議会では，**非認知能力**を「主に意欲，意志，
情動，社会性に関わる 3 つの要素（①自分の目標を目指して粘り強く取り組む，②
そのためにやり方を調整し工夫する，③友達と同じ目標に向けて協力し合う。）から
なる。」と定義しています。シカゴ大学の教授でノーベル経済学賞の受賞者である
ヘックマン（Heckman, J.）は，非認知能力の重要性を指摘し，心理学，とりわけパー
ソナリティ心理学界や教育心理学界に大きな影響を与えました。彼は，近年の学校
教育がどちらかといえば認知能力，つまりどれだけかしこいかを重要視してきたこ
とに警鐘を鳴らし，「人生における成功はかしこさ以上の要素に左右される」とし，
認知能力に代わるものとして非認知能力の重要性を主張しています。さらに彼は，
非認知能力の高さが学歴，職歴，収入の多さ，各種のリスクテイキング行動，健康
関連行動を予測するとまで考えています。非認知能力が重要なことに疑いはないの
ですが，この能力には忍耐力や自己コントロール，社会的スキル，パーソナリティ
などといった実に多様な要素が含まれている点には注意が必要です。また，相対す
ると考えられる記憶や学習といった認知能力ともまったく無関係ではありません。
このような複雑な概念ではあるものの，教育現場等ではその育成が重要であると考
えられており，今後の展開に注目が集まっています。

復習問題

1. パーソナリティの類型論について説明してください。
2. パーソナリティの特性論について説明してください。
3. 質問紙法とビッグファイブについて説明してください。
4. 投影法の中から 1 つを取り上げて説明してください。
5. パーソナリティに及ぼす遺伝と環境の影響について説明してください。

コラム 8.2　ダークトライアド
──マキャベリアニズム，サイコパシー，ナルシシズム

　本章ではさまざまなパーソナリティについて述べましたが，中には望ましくないパーソナリティも存在しています。このような社会的に望ましくないパーソナリティ特性を**ダークトライアド**といいます（小塩，2020）。ダークトライアドには，マキャベリアニズム，サイコパシー，ナルシシズムという3つのパーソナリティが含まれています。マキャベリアニズムは，イタリアの政治思想家マキャベリ（Machiavelli, N.）に由来し，自分自身の利益のためには手段を選ばない傾向を指しています。サイコパシーは，最近よく映画やテレビドラマでも取り上げられるようになってきましたが，冷淡な感情と反社会性を特徴とするパーソナリティ特性であり，他の人々の痛みを感じにくい特徴をもっています。そして，ナルシシズムは自己愛ともよばれ，自分自身に対する非常にポジティブで誇大な感覚をもち，他の人々にも自分を称賛したり，特別な扱いを求めたりする傾向を指しています。これら3つのパーソナリティ特性は少しずつ意味が異なるものの，互いに関連しており，共通して他者に対して冷淡で自己中心的な特徴をもっています。

第9章 動機づけと感情

　心の要素の中でも，「やる気」や「感情」は日常生活でも取り上げられることの多いテーマです。「宿題があるので，やる気を出さないといけないことはわかっているけど，まったくやる気が起きない」とか，「イライラして，怒りで冷静に判断ができなくなった」など，「やる気」や「感情」が人の行動や思考などにさまざまなかたちで大きく影響していることは誰でも思い当たります。では，心理学では「やる気」や「感情」をどのようにとらえているのでしょうか。この章では，これらについてみていきます。

9.1 欲求，動機

　人は「○○したい」という気持ちから行動を起こすことがあります。その何かを求めようとする内的な状態を欲求または動機といいます。たとえば，「喉が渇いた。何か飲みたい」と思ったとします。「何か飲みたい」という気持ちが欲求になります。ただ，そう思ったとしても，何か飲み物がないと，飲むという行動は生じません。そのときの飲み物のように，欲求の目標になるものを誘因といいます。そして，「何か飲みたいという気持ち」（欲求）と「飲み物」（誘因）が組み合わさったときに「飲む」という行動が引き起こされます。このような欲求（動機）と誘因が組み合わされたときに行動が引き起される，あるいは持続される過程を動機づけといいます（図9.1）。

9.1.1 欲求の種類

　欲求には，大きく分けて，一次的欲求と二次的欲求があります。一次的欲求は基本的欲求ともいい，生まれつき備わっている「生きることに必要な行動」を生じさせる生理的欲求や性的欲求があります。生理的欲求とは，飢え，渇き，

図 9.1　動機づけのしくみ

睡眠，疲労回復を満たしたいという気持ちを指します。生理的欲求には，人がどのような環境にあっても，体温，血圧などの身体の状態を一定に保つためのしくみ（ホメオスタシス，恒常性）が関係しています。つまり，空腹という状態になると，その状態を回復しようとして，食欲が引き起こされて，食べ物があると，「食べる」という行動が生じるということです。ただし，人の場合，生理的欲求から引き起こされる行動でも，社会的，文化的な影響を受けています。たとえば，お腹が空いたからといって，いつでもどこでも何かを食べはじめるわけではありません。性的欲求は，性的に満たされたいという気持ちです。人の性的欲求は単に性ホルモンの分泌が増すと強くなるわけではありません。視覚的刺激などの感覚器官から得られる情報，認知的な要因，社会的な要因からも影響されます。

　二次的欲求とは，後天的に人との関わり合いの中から生じる**社会的動機**を指します。社会的動機には，親和動機（他人と仲良くなりたい），承認動機（他人から認められたい），達成動機（目標を掲げて何かを成し遂げたい）など，数多くのものがあります。

9.2　欲求階層説

　マズロー（Maslow, 1943）は，人間は自己実現に向かって絶えず成長するという考えのもとに，欲求が階層構造をなしていると考えました（**欲求階層説**；図 9.2）。欲求には，何か足りないものを充足させる段階があります。この段階では，生理的欲求を満たすこと，安全な場所に住むこと，集団に所属すること，他人に認められ，自分自身を誇らしく感じること，を順番に満たすことが

図 9.2　マズローの欲求階層説

1. **生理的欲求**：生きるための欲求
2. **安全欲求**：安定と安全を求める欲求
3. **社会的欲求**：所属と愛情の欲求（所属のほうが根本的）
4. **尊厳欲求**：承認と自尊の欲求
5. **自己実現欲求**：現在よりも良くありたいという欲求。達成できる人はごくわずか。

求められます。それらが満たされると，今の自分よりもさらに良くありたいという自己実現欲求を満たすことが目標になるというものです。

9.3　欲求不満と葛藤

　欲求はいつも満たされるわけではありません。欲求を満たせない場合，イライラすることがあります。この状態を**欲求不満（フラストレーション）**といいます。また，欲求が複数ある場合，その欲求同士が競合して，一方を満たすともう一方を満たせなくなる状態があります。この状態を**葛藤（コンフリクト）**といいます。葛藤には3種類あります。1つ目は，やりたいこと同士が競合する**接近─接近型**です。たとえば，アイスも食べたいし，ケーキも食べたい（でも，どちらか一方しか食べられない）ということです。2つ目は，やりたくないこと同士が競合する**回避─回避型**です。掃除もしたくないし，洗濯もしたくない（でも，どちらか一方をしなければならない）という状態です。

　3つ目は，やりたいこととやりたくないことが競合する**接近─回避型**です。病気を治したいけど，危険な手術を受けなればならない（できればやりたくない）ということになります。

9.4 内発的動機づけと外発的動機づけ

　動機づけには誘因が自分の内側にあるか，外側にあるかで大きく分けて2種類あります。**外発的動機づけ**とは，外的に与えられる報酬を得るために行動が引き起こされることです。たとえば，「家のお手伝いをすると，お小遣いがもらえるからがんばる」ということになります。これに対して，**内発的動機づけ**とは，課題そのものから得られる興味，楽しみのような内的な報酬によって，行動が引き起こされることです。たとえば，「この課題はおもしろそうだからやってみる」ということになります。以前はこの2つの動機づけを対立するものをして扱ってきましたが，デシら（Ryan & Deci, 2000）の**自己決定理論**では，自律性（自分の意思や価値観で自分の行動を決定したいという欲求）に基づき，動機づけを表9.1のように1つの軸の上に表しました。また，この理論では，自律性，有能さ（自分の能力を発揮し，周りの環境と適切に関わりたいという欲求），関係性（社会と結びつき安心したいという欲求）が3つの基本的な社会的欲求であるとされ，それが満たされると内発的動機づけが生じやすくなると考えられています。

9.5 動機づけと原因帰属

　人はある出来事や事態に遭遇したときに，その原因を特定しようとすることがあります。このことを**原因帰属**といいます。行動が成功または失敗したとき，

表9.1　動機の自己決定性（Ryan & Deci, 2000）

行動	非自己決定的					自己決定的
動機づけ	非動機づけ	外発的動機づけ				内発的動機づけ
自己制御段階	制御なし	外的調整	取り入れ的調整	同一化的調整	統合的調整	
認知された因果律の所在	非自己的	外的	外的寄り	内的寄り	内的	内的

9.6 学習性無力感

表 9.2 統制の所在と安定性による原因帰属

統制の所在	安定性	
	安定	不安定
内的	能力	努力
外的	課題の難易度	運

どのような原因を推論するのかについてまとめられています（**表9.2**）。**統制の所在**とは，その原因が自分の内部にあるのか，自分の外側にあるのかに関する次元です。一方，安定性とは，その原因が時間とともに変化しにくいのか（安定），変化しやすいのか（不安定）に関する次元です。このとき，ワイナー（Weiner, 1985）は，何に原因帰属するかが達成動機に影響すると考えました。達成動機とは，社会的動機の一種で，自分が設定した目標を高い水準でやり遂げたいという気持ちです。失敗の原因を努力に帰属した人は達成動機を維持しやすいのに対して，能力に帰属した人は達成動機を損ないやすいことを見出しました。たとえば，学校の試験で悪い点をとったときに「自分の努力が足りないせいだ」と思うと「またがんばろう」となりやすいのに対して，「自分の能力が低いせいだ」と思うと「もうやりたくない」となりやすいということです。

9.6 学習性無力感

　条件づけ（第3章参照）もまた，動機づけに影響を与えます。セリグマンら（Overmier & Seligman, 1967）は，イヌを被験体に使用して，次のような実験を行いました。逃避可能条件のイヌはパネルを押すと電気ショックを止めることができるのに対して，逃避不可能条件のイヌはパネルを押しても電気ショックを止めることができません。その後，両条件のイヌを，ランプが光ると電気ショックが床に流れる箱の中に入れます（**図9.3**）。箱の中央には仕切りがあり，ランプが光った後に飛び越えれば，電気ショックを回避できます。逃避可能条件のイヌはこの箱の中で電気ショックを回避したのに対して，逃避不可能条件のイヌは回避しようとしませんでした。この現象は，自らの行動によって嫌悪

図 9.3 学習性無力感の実験

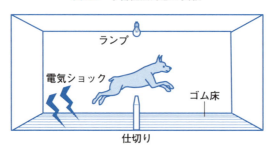

刺激を除去すること，あるいは回避することができないことを学習した結果，無力感が生じたためと考えられ，**学習性無力感**と名づけられました。つまり，行動しても結果が変わらないという統制不可能な状況（「何をしてもムダだ」）が原因で無力感が生じたということです。しかし，その後，人を対象とした場合，個人差が大きく，必ずしも学習性無力感が生じるわけではないことが指摘され，原因帰属を取り入れた改訂版学習性無力感理論が提唱されています（Abramson et al., 1978）。この理論では，統制不可能な嫌悪刺激を受けている人が，その原因を内的で安定的で全体的な事柄に帰属すると，能力不足のせいで自分が将来も統制不可能であるという認知を導くため，抑うつ状態になると予測しています。

9.7　感　情

「理性で感情を抑える」ということばがあります。感情は衝動的で，混沌としていて，非合理的なので，理性という知的能力でコントロールするということです。このように考えると，感情は「厄介者」で不必要なものに思えます。しかし，本当にそうでしょうか。たとえば，人が危険な目にあったときに，「怖い」という感情が生じます。それによって，その先の危険を避けることを心がけるようになります。つまり，人が生きていくために必要な行動を生じさせる原動力にもなります。このように，感情は人が環境に適応するために必要な行動を生み出すために備わったと考えらます。

9.7 感情

9.7.1 感情の種類

感情（affect）にはいくつかの種類があります。情動（emotion）とは，特定の生理的喚起を伴った表出反応などの身体的な変化を伴う一時的な比較的激しい感情を指します。たとえば，怒り，悲しみ，恐れなどになります。ただし，近年は情動を感情とよぶこともあります。気分（mood）は，情動が生じる前，あるいは生じた後に感じる比較的弱いが持続的な状態を指し，快—不快の次元でとらえることができます。評価（evaluation）または好み（preference）とは，人や事物に対する好き嫌い，物事の良し悪しなどの特定の対象に対する主観的で比較的安定した反応を指します。好きや良いという評価は対象に接近することの動機づけにつながり，嫌いや悪いという評価は対象から回避することの動機づけにつながります。

9.7.2 感情を伝える情報

2人で対面してコミュニケーションをとっている場面を考えてみてください（図 9.4）。一人を送り手，もう一人を受け手とします。送り手が受け手に話しかけたときに，伝えられる情報には3種類あります。1つ目は言語情報です。発話の内容であり，ことばの意味を解釈することが求められます。2つ目はパラ言語情報（音声）です。話の内容そのものではなく，音声のトーン，ピッチ，イントネーション，速さ，リズム（間のとり方）から情報を受け取ります。3つ目は非言語情報です。表情，身振り，姿勢，視線などが含まれます。このうち，感情が主に伝達されるのは，パラ言語情報と非言語情報になります。たと

図 9.4 対面コミュニケーションで伝えられる情報の種類

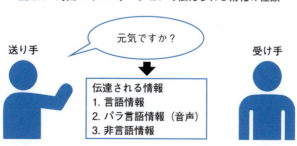

えば,「ミスは気にしない」と言っているのに,相手の音声や表情から怒りが感じられることがあります。非言語情報のうち,表情はとくに注目されやすく,表情によって伝えられる感情に共通性があるのかが議論されてきました。

9.8 基本感情

エクマン（Ekman, 1992）は,さまざまな人種,文化の間で表情で示される理解が共通しているのかについて検証しました。役者に表情の演技してもらった顔写真を刺激に使用し,ショートストーリーの登場人物が抱いている感情に一致する表情を選ばせる実験を行い,世界各地からデータを収集しました。その結果,どのような文化圏,言語圏でも,選ばれる表情はほぼ一致していることがわかりました。つまり,表情の認識には普遍性があることを示したのです。そのことから,彼は人には遺伝的に備わった**基本感情**があると主張しました。当初は,幸福,悲しみ,恐れ,怒り,嫌悪,驚きの6種類が基本感情であるとされていましたが,その後徐々に増えてきました。人には6種類の基本感情以外にも感情があります。そうした感情（たとえば,誇らしい,恥ずかしい）は生まれた後で人と関わるうちに備わってくる感情だと考えられています。また,どのように感情を表すのか,どういう状況で表すのが適切なのかについては,個人が育つ文化の影響を受けます（図9.5）。

図 9.5 基本感情に基づく感情表出

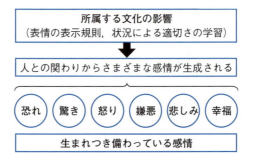

9.9 情動の2要因説

　シャクターとシンガー（Schacter & Singer, 1962）は，感情は生理的覚醒が高まったときだけでなく，状況をどのように解釈するのかといった認知が情動の生起に関わると主張しました。これを**情動の2要因説**といいます。たとえば，デートで遊園地のお化け屋敷に入って，心臓がドキドキしたとします。そのとき恐怖のせいで覚醒レベルが上がったと思うこともあるし，一緒にいた人のせいだと思い，その人に対する好意が増すこともあります。その後，2要因説は，対象に対する評価が感情を引き起こすという感情の認知的評価理論に発展しました。

9.10 単純接触効果

　評価は感情の一種であり，人や事物に対する好き嫌い，物事の良し悪しなどの特定の対象に対する主観的で比較的安定した反応です。ザイアンス（Zajonc, 1968）は，こうした評価がどのように形成されていくのかについて検証しています。彼は卒業生名簿から12人の写真を選択し，実験参加者に視覚的記憶の実験であると本来の目的とは異なる嘘の教示をし，写真を2秒間隔，ランダムな順番で86回呈示しました。その後，それぞれの写真について好意を7段階で評定するよう求めました。その結果，呈示回数に従って，好意が増加していく傾向を見出しました（**表9.3**）。つまり，特定の刺激に対して繰返し接触するだけで，その刺激に対する好意が形成されていくということです。この現象を**単純接触効果**といいます。その後の研究で，単純接触効果は，画像刺激だけでなく，実在する人物や対象物，ことば，音などでも生じることがわかってい

表9.3　単純接触効果における呈示回数と好意度

呈示回数	0回	1回	2回	5回	10回	25回
好意（7段階）	2.8	2.9	2.9	3.2	3.6	3.7

ます。さらに，刺激を閾値下呈示（画像を呈示時間 20 ミリ秒程度で瞬間呈示すると「見た」という意識がなくても影響を受けること。プライミングという）した場合でも生じています。単純接触効果の原因として，親近性が考えられています。見覚えがある，なじみがあるといった感覚から快感情が生じるために，好意が増加するといわれています。

参 考 図 書

上淵 寿（編著）（2012）．キーワード 動機づけ心理学　金子書房

上淵 寿・大芦 治（編著）（2019）．新・動機づけ研究の最前線　北大路書房

大平 英樹（編）（2010）．感情心理学・入門　有斐閣

今田 純雄・中村 真・古満 伊里（2018）．感情心理学──感情研究の基礎とその展　　　開──　培風館

復 習 問 題

1. 動機・欲求の種類について説明してください。
2. 内発的動機づけと外発的動機づけの違いについて説明してください。
3. 学習性無力感について説明してください。
4. 基本感情について説明してください。
5. 単純接触効果について説明してください。

コラム 9.1　シャーデンフロイデ

　感情には生まれつき備わっている基本感情だけでなく，多種多様なものがあります。これらは生まれた後に，社会の中で人と関わることで生じます。たとえば，妬ましい，誇らしい，恥ずかしいなどです。こうした感情を社会的感情（対人的感情）といいます。より複雑な社会的感情として，「他人の苦しみや不幸に対して第三者的視点から喜ぶ」シャーデンフロイデ（Schadenfreude）があります。このことばはドイツ語で，損害や不幸を表す「シャーデン」と喜びを表す「フロイデ」という 2 つの単語が合わさったものです（Smith, 2013 澤田訳 2018）。いわゆる「他人の不幸は蜜の味」といった気持ちで，誰しもがもち得る感情です。こうした感情は表立って口にすることは道徳的に良くないとされていますが，インターネット上で匿名の投稿ができる SNS などでは，この内容の書き込みをよく目にすることがあります。このような書き込みがエスカレートすると，インターネット上での誹謗中傷を生じさせることにつながります。そして，たたかれている人をみて楽しむというシャーデンフロイデがこうした行動を助長させたり，維持させたりすることが指摘されています。

　シャーデンフロイデが生じる原因として，現在のところ，妬み，社会的アイデンティティ，正義が関連することが指摘されています。妬みはシャーデンフロイデの前に存在し，その生起を誘発する感情です。社会的アイデンティティとは，集団への帰属意識であり，それが生み出す集団間の対立が関連します。たとえば，応援するスポーツチームがあったとすると，そのライバルチームの敗戦に喜びを感じることです。正義は，善悪に関して集団で共有された規範です。所属する社会集団の規範から逸脱した行動をしている人が因果応報的な失敗，損をすると喜びを感じます。これらは生起過程や原因にまだ不明な点も多く，今後の研究が期待されています。

第 **10** 章

神経生理学的基礎

「心はどこにありますか？」と尋ねられたとき，みなさんはどう答えるでしょうか。物事を深く考えようとするときに「胸に手を当てて考える」といわれるように「心＝心臓」と考える人もいるかもしれません，一方で，大半の人は「心＝脳」と考えるでしょう。脳によって私たちはさまざまなことを感じたり，記憶したり，判断したりすることができます。心は脳の認知処理プロセスであるとも考えられていますが，一言で脳といってもその構造は複雑で，いまだに解明できていないことが多くあります。この章では，はじめに脳の基本的構造を解説した上で，脳が損傷することによって生じるさまざまな障害や，脳機能の測定法について説明します。

10.1 神経細胞の構造

私たちの体内では，日々，細胞が循環し，古くなった神経細胞の代わりに新たな神経細胞が生まれています。私たちの脳の中にはおよそ 1,000 億の神経細胞があるといわれており，毎日，眠ったり，食事をしたり，勉強したりしている間，脳の神経細胞は常にはたらき続けています。そして，この神経細胞のはたらきにより，私たちは，何かを感じたり，記憶したり，行動したりすることができます。それでは，普段は気に留めることのない神経細胞はどのようなはたらきをしているのでしょうか。

10.1.1 神経系の情報伝達

ヒトの脳神経系細胞は，神経細胞（ニューロン）とグリア細胞に大別されます。脳の細胞数の約 10％がニューロンであり，残りはグリア細胞で占められています。ニューロンは，脳を構成する中枢神経系の最小の単位で，細胞体，

図 10.1 ニューロンとシナプス結合

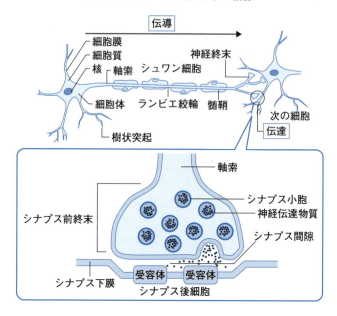

軸索（神経線維），樹状突起で構成されています（図 10.1）。樹状突起は，シナプスという構造体を通じ，隣接する他のニューロンからの信号を受け取り，一方で軸索は信号の出力を行います。軸索は髄鞘（ミエリン鞘）が巻きついている有髄神経線維と髄鞘のない無髄神経線維に分けられます。

　有髄神経線維は，髄鞘は絶縁体としてはたらき，ニューロンの電気活動を安定させています。髄鞘に規則的に存在する間隙はランビエ絞輪とよばれ，活動電位をすばやく伝達するためのしくみである跳躍伝導に重要な役割を果たします。ニューロンの軸索の先端を神経終末といい，他のニューロンとシナプスを介して結合し，神経伝達物質を放出して情報を伝えます。神経伝達物質には，アセチルコリンやノルアドレナリン，γ-アミノ酪酸（GABA），グルタミン酸，ドーパミン，セロトニンなどがあります（表 10.1）。

　グリア細胞はニューロンの隙間を埋めて，脳の構造の維持や，血液中の栄養素をニューロンに送る役割を担っています。また，グリア細胞は，神経線維に巻きついて髄鞘を形成したり，物質を分泌してニューロンの活動を調節したり

表 10.1 主な神経伝達物質の作用

神経伝達物質	主な作用
ドーパミン	報酬や運動の調節
アセチルコリン	覚醒や注意，学習，記憶の調節 副交感神経にも関与
ノルアドレナリン	覚醒，食欲や気分の調節
グルタミン酸	学習と記憶の調節
セロトニン	情報処理，体温，血圧，睡眠，攻撃性，気分，性行動，内分泌の調整

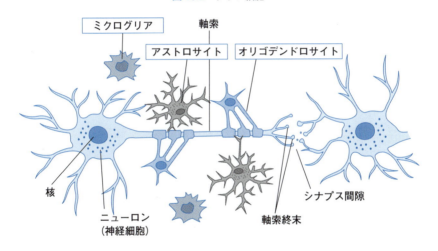

図 10.2 グリア細胞

します。グリア細胞にはアストロサイト，オリゴデンドロサイト，ミクログリアなどいくつかの種類があります（図 10.2）。

10.1.2 中枢神経と末梢神経系

ヒトは，見る，聴く，触るなどの感覚から周囲の環境情報を獲得しています。また，それらの情報は，脳によって処理され，脳から手足の筋や腱などの効果器が指示を受けることで行動を起こします。このようにさまざまな活動に際し，情報を感知し，それを脳が判断して，それぞれの身体部位に伝達する一連の過程が神経系の役割です。

図 10.3 ヒトの神経系の分類

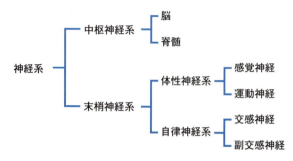

　ヒトの神経系は，**中枢神経系**と**末梢神経系**に分けられます（図 10.3）。中枢神経系は**脳**と**脊髄**からなり，全身からの情報を処理し，指令を出します。末梢神経系は中枢神経系と身体の各部を結び，知覚情報を中枢神経へ伝達する役割と中枢神経系からの指令を末端に伝える役割があります。また，体温や血圧，内臓の機能の調整も行います。

　末梢神経系は，骨格筋の随意運動や感覚に関して中枢と末梢を連絡する**体性神経系**と，循環，消化，内分泌などの内臓機能や体温・発汗などに関与する**自律神経系**に分類されます。さらに体性神経系には**感覚神経**と**運動神経**があり，感覚神経は体性感覚や特殊感覚を中枢に伝え，運動神経は反射および随意運動の発現に関与します。自律神経系は，**交感神経**と**副交感神経**に分類され，2つの神経は1つの臓器に対して亢進または抑制という拮抗的な作用をもちながら機能を調整しており（拮抗支配），内臓器官の多くは2つの神経により二重に

表 10.2　交感神経と副交感神経の作用

交感神経	臓器	副交感神経
散大	瞳孔	縮小
分泌抑制	唾液腺	分泌促進
心拍増加	心臓	心拍減少
収縮	血管	拡張
運動抑制・分泌抑制	消化器（胃腸）	運動促進・分泌促進
弛緩	胆嚢	収縮
弛緩	膀胱	収縮

コントロールされています（二重支配）（表 10.2）。拮抗支配の例として，交感神経は瞳孔を拡大させ，唾液分泌を抑制し，心拍を上昇させますが，副交感神経はそれと対照的にはたらきます。

10.2 脳神経系の構造

ヒトの中枢神経系は，**脳**と**脊髄**から構成され，さらに脳は大脳，小脳，脳幹に分けられます（図 10.4）。

10.2.1 大　脳

大脳は，大脳皮質，大脳辺縁系，大脳基底核から構成されます。大脳は表層を大脳皮質が覆っています。左右の大脳半球は，**脳梁**（のうりょう）とよばれる神経線維の束でつながっています。大脳皮質には約 140 億個のニューロンが存在しており，次節で述べるように，思考や感情，運動や感覚など重要な機能の処理が行われています。大脳辺縁系は，帯状回（たいじょうかい）や扁桃体（へんとうたい），海馬（かいば），海馬傍回（ぼうかい）などから構成されており，情動の表出，意欲，記憶，食欲や性欲などの本能行動に関与しています。具体的には，**海馬**は学習や記憶と関連することが知られており，短期記憶の保持と長期記憶の固定を行っています。また，**扁桃体**は海馬からの視覚や味覚などの記憶情報を受け，記憶と照らし合わせて，それが快か不快か（好き

図 10.4　脳の構造

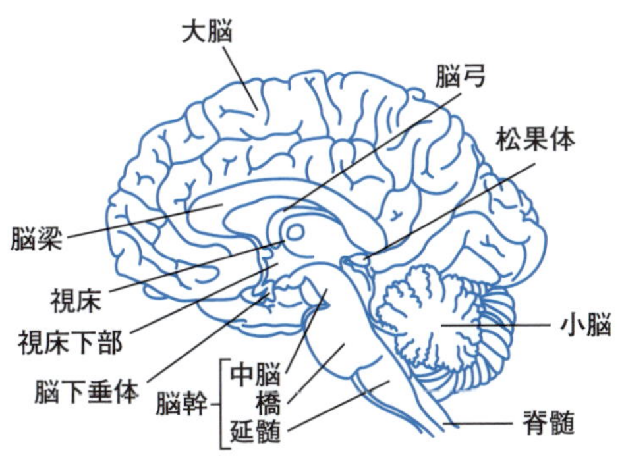

か嫌いか）を判断するなど，情動的な処理を行っています。大脳基底核は，大脳皮質と視床や脳幹を中継する細胞が集まる領域で，運動制御や動機づけ，学習などさまざまな機能と関連しています。

10.2.2 小　脳

小脳の主な機能には運動や姿勢の調節，眼球運動などがあり，運動の学習に深く関与しています。また，近年では，記憶や注意などの認知機能にも関連していることが示唆されています。

10.2.3 脳　幹

脳幹は大脳と脊髄をつなぐ部分にあり，間脳，中脳，橋，延髄から構成されています。間脳は，大脳と中脳をつなぐ位置にあり，視床，視床上部，視床下部からなります。視床は外部からの感覚情報（視覚，聴覚，体性感覚）を中継し，大脳皮質に伝える役割を果たしています。視床下部は，自律神経系や内分泌系を制御し，体温調節や免疫調節，ストレス反応など生体の恒常性（ホメオスタシス）の維持に重要な役割を果たしています。また，摂食行動，性行動といった本能行動の中枢でもあります。中脳は，視覚や聴覚情報が伝達される際の中継と調節を担っています。脳幹の最下部にある延髄は，呼吸や嘔吐・嚥下，循環，消化などを制御しており，生命維持に重要な役割を果たしています。

脳幹を含む脳全体の機能が失われた状態を脳死といい，大脳の機能は停止しているが，脳幹の機能が残っており自発呼吸ができる状態を植物状態といいます。

10.3 大脳皮質の機能局在

大脳皮質の表面には凹凸があり，盛り上がっている部分を脳といい，その周りの溝の部分を脳溝といいます。大脳半球を左右に分ける溝は大脳縦裂とよばれ，左右の大脳半球は脳梁によって連絡されています。さらに，大脳半球（大脳皮質）は，前頭葉，頭頂葉，側頭葉，後頭葉に分けられます。前頭葉と頭頂

10.3 大脳皮質の機能局在

図 10.5 大脳皮質の構造

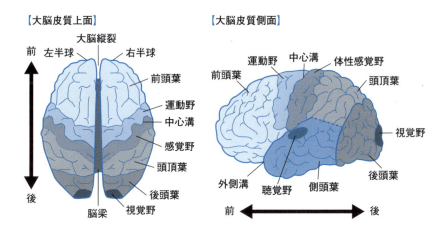

葉は**中心溝（ローランド溝）**で分けられ，側頭葉とその他の部位は**外側溝（シルビウス溝）**によって分けられます（図 10.5）。これらの部位は相互に関連しながら，それぞれに異なる機能をもっており，これを**大脳皮質の機能局在**とよびます。脳が障害されると，障害部位によって特異な症状を呈します。

10.3.1 前頭葉

　前頭葉は 4 つの脳葉の中で最大で，運動の制御，感情の制御，言語，計画，意思決定などを担っていることから，「人らしさ」をつかさどる部位であるといわれ，人格や社会性とも関係しています。中心溝の前にある運動野は，身体各部に対応する運動の中枢で，自分の意思で身体を動かすときは，運動野から脊髄を経由して筋肉を動かす指令信号が筋肉に伝わり，筋肉を収縮させます。この指令信号は途中で左右が交叉して，右側の運動野は左半身を，左側の運動野は右半身を支配しています。また，運動野は脳の上から下へ，足，手，顔の順に，逆立ちをしたように並んでおり，手指など細かい動きが求められる部分の運動野は広く，粗大な動きの体幹に近い筋肉を動かす運動野は狭くなっています。運動野では身体各部の支配領域は**図 10.6** の左側のようになっています。

　さらに，前頭葉は**遂行機能（実行機能）**にも関わっています。遂行機能とは，

図 10.6 運動野・感覚野の体部位局在

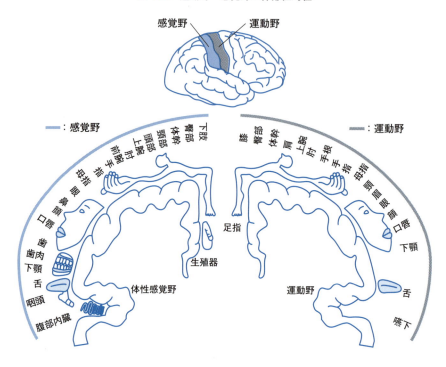

ある目標を達成するために計画的に行動する機能で、具体的には目標設定、計画の立案と実行、計画の効果的遂行といった能力を必要とします。優位半球（主に左）には**ブローカ野**（運動性言語中枢）があり、言語を組み立てて発するはたらきをしています。

10.3.2 頭頂葉

頭頂葉には**体性感覚野**があり、反対側の身体各部から温覚・痛覚、触覚などの皮膚感覚や筋肉や関節などの身体内部の深部感覚が、同側の視床を経てここに伝達されます。この感覚野で集めた情報を頭頂葉全体で処理して、触ったものなどを認識します。感覚野は、運動野と同じく、身体の右側を左脳、左側を右脳がそれぞれ支配しています。また、上から足、手、顔の順に並んでおり、敏感な部分の感覚野は広く、鈍感な部分の感覚野は狭くなっています。感覚野

の身体各部の局在は図 10.6 の右側のようになっています。

　また，体性感覚情報や後頭葉からの視覚情報，側頭葉からの聴覚情報など複数の感覚情報を統合する頭頂連合野があり，物体の識別や空間認知に関わっています。頭頂連合野は高次脳機能をつかさどる領域であり，障害されると失認や失行といった症状が現れます。

10.3.3　側 頭 葉

　側頭葉には聴覚野があり，聴覚情報処理を行っています。その他にも視覚や嗅覚，味覚の認識もつかさどっています。また，側頭葉の内側には記憶や情動に関わる部分があり，記憶の中枢として海馬があります。海馬は記憶を脳に定着させることに関係しており，記憶は海馬に一度保存された後，最終的に長期記憶として大脳皮質に蓄えられます。さらに，優位半球（通常左）の側頭葉上部には言語理解の中枢であるウェルニッケ野があり，他者の言語を理解，認識するはたらきをしています。

10.3.4　後 頭 葉

　後頭葉には視覚野があり，視覚認知の中枢です。目で見たものを認識するには，目から入った光の情報を眼球の網膜が電気信号に変換し，視神経を通って後頭葉に伝えられます。その後，視覚野で情報を受け取り，形，色，奥行き，動く速さなどを認識します。視覚野に入った情報について，それが何であるか過去の記憶と照合したり，奥行きを把握し立体的にものを認知したりするために側頭葉や頭頂葉と連絡をとり合っています。

10.4　高次脳機能の障害

　脳梗塞などの脳血管障害，交通事故などによる脳外傷などが原因で脳の一部を損傷することがあります。脳に損傷を負うことで脳機能に障害が出て，社会生活に支障が現れる状態のことを高次脳機能障害といいます。前述のように脳は部位によって異なる機能をもっているため，損傷した脳部位によってさまざ

まな障害を呈します。高次脳機能障害では，言語や行為，記憶，注意などのさまざまな認知機能が障害されますが，外見からは判断することがむずかしく，本人も気づきにくいことがあるため，周囲から理解を得られないこともあります。

10.4.1 失　　語

　失語は，話すこと（発語），相手が話していることを理解すること（聴覚的理解），書かれていることを理解すること（視覚的理解），字を書くこと（書字）の4つの機能のいずれかが障害されることです。

　失語にはさまざまなタイプがあり，代表的なものとして，発語開始に努力を要し，言いたいことばが出てこない「ブローカ失語（運動失語）」，相手の話すことばが理解できない「ウェルニッケ失語（感覚失語）」，人やものの名前が出てこず，回りくどい話し方になる「失名詞失語」，話す，話を理解する，文字の読み書きをするといったすべての言語機能が重度に障害される「全失語」などがあります。

10.4.2 失　　行

　失行とは，身体能力と行う意思はあるにもかかわらず，日常生活で行っている動作がうまくできない状態です。失行は，手指の動きがぎこちなく，熟練性がなくなる「肢節運動性失行」，口頭指示や模倣による習慣的な動作（バイバイなどのジェスチャー）ができない「観念運動性失行」，日常で使用しているもの（歯ブラシなど）の使用や日常の一連の動作を正しい順序で行えない「観念性失行」の3つに分けることができます。その他にも，衣服を着る動作ができなくなる着衣失行などがあります。

10.4.3 失　　認

　失認は，視覚，聴覚，触覚の機能には問題がないにもかかわらず，それが何であるか認識する能力が障害される状態です。失認には，対象を見てもそれが何かわからない「視覚性失認」，言語や音楽，環境音など聞こえてくる音がわ

からない「聴覚性失認」，目をつぶった状態で触ったものが何であるかわからない「触覚性失認」，自分の身体の部位や位置関係を正しく認識できない「身体失認」などがあります。

　失認の中でもっとも多いのは視覚性失認で，視覚性失認の中でも，物品を見ても何かわからない「物体失認」，家族などよく知っている人を見ても誰かわからない「相貌失認」，よく知っている場所でも道に迷う「地誌的見当識障害」などに分類できます。

10.4.4　その他の障害（記憶障害，遂行機能障害，注意障害）

　記憶障害は，知能，注意，言語機能は比較的保たれているものの，記憶機能が障害された状態です。基本的には，情報を覚える（記銘），覚えた情報を維持する（保持），必要なときに情報を思い出す（想起）の3つの過程のどこかが障害され，情報が正しく思い出せなくなる状態です。また，作話（事実とは異なる話をする）や見当識障害（人や場所の名前，日時を忘れてしまう）なども含まれます。

　遂行機能障害は，認知機能は比較的保たれているにもかかわらず，計画を立てられない，計画のために効率的な行動ができない，計画がうまくいかないときに臨機応変に対応できないなどのさまざまな問題を指します。日常生活においては，約束した時間を逆算して準備できず遅刻したり，求められた作業の全体の工程を見通せず最初の作業だけに時間を費やしてしまったりするなどの問題が生じます。

　注意障害は，1つのことに集中したり（集中的注意），同時に複数のことに注意を向けたり（分割的注意），多くの情報から必要な情報だけを選んだり（選択的注意），1つのことに集中しているときに他のことに注意を切り替える（注意の転換）ことができない障害です。注意障害には他にも，半側空間無視があります。半側空間無視は，主に右半球の損傷により左側に意識が向かなくなるため，左側の空間が認識できなくなるものです。たとえば，歩行中に左側のものによくぶつかったり，食事の際に左側に置かれている料理に気づかずに食べ残したりすることがあります。

136   第 10 章　神経生理学的基礎

10.5 神経心理学的アセスメント

　脳損傷を負った人の脳の状態を測定する方法として，脳画像診断や神経心理学的検査があります。脳画像診断は，脳のどの部位を損傷したかを視覚的に理解するのに役立ちます。神経心理学的検査は，脳画像診断で脳の損傷部位や程度を理解した上で，損傷による認知機能の障害の程度を測定できます。

10.5.1　脳画像診断

　脳の活動を測定する場合，脳に傷をつけるといった，もとに戻せない変化が生じない方法を用います。このような脳活動の非侵襲的測定法には，脳の電気的な神経活動を計測する方法（脳波（Electroencephalography; EEG），脳磁図（Magnetoencephalography; MEG））や局所脳血流変化を計測する方法（陽電子放射断層撮影（Positron Emission Tomography; PET），機能的磁気共鳴画像法（functional Magnetic Resonance Imaging; fMRI），近赤外分光法（Near-InfraRed Spectroscopy; NIRS）などがあります（表 10.3）。

10.5.2　神経心理学的検査

　神経心理学的検査は，脳の損傷や認知症などに対して認知機能の障害の程度

表 10.3　脳機能の非侵襲的測定法

脳波（EEG）	頭に電極を装着して，脳神経系の電気活動を測定する。脳全体の活性化状態を推定する場合や，認知活動に特異的な脳波（事象関連電位）を抽出する際に用いられる。
脳磁図（MEG）	脳の神経細胞が活動する際に発生する微弱な磁気を計測し，それが脳のどこから生じているかを調べる。
陽電子放射断層撮影（PET）	認知機能に対応する脳の局所的部位を探索する。放射線を出す物質を注射し，そこから出る放射線を検出することで，体内の代謝状態を画像化する。
機能的磁気共鳴画像法（fMRI）	核磁気共鳴法（MRI）を用いて，認知活動に伴う脳内の局所的な代謝活動の変化を検出することで，脳の活動を画像化する。
近赤外分光法（NIRS）	近赤外線を利用して，脳活動に伴う酸素含有量の変化を測定し，脳の活性化に伴う代謝活動の変化を評価する。

や治療の効果を評価する検査です。主な測定対象としては，「知能（知能検査については第6章を参照）」「記憶」「注意」「遂行機能（前頭葉機能）」があります。

1. 記憶機能検査

　代表的な記憶機能検査として，改訂版ウエクスラー記憶検査（Wechsler Memory Scale-Revised; WMS-R）があります。WMS-R は，言語性記憶，視覚性記憶，注意・集中力，遅延再生といった記憶のさまざまな側面を評価するための検査です。また，リバーミード行動記憶検査は，日常生活を想定した課題で日常記憶を評価する検査で，将来の予定に関する記憶（展望記憶）や写真の人物の名前や持ち物についての記憶など，日常生活に類似した状況での記憶を評価します。その他にも，検査者が対語の一方を提示し，被検査者がもう一方の語を想起する聴覚性言語性記憶の検査である三宅式言語記銘力検査や，視覚性記憶の検査で，幾何学図形を再生もしくは模写させ，視覚記銘，視覚認知，視覚構成能力を評価するベントン視覚記銘検査があります。

2. 注意機能検査

　注意機能の代表的な検査として，標準注意検査法・標準意欲評価法（Clinical Assessment for Attention and Spontaneity; CATS）があります。この検査では，脳損傷や軽度認知障害，注意欠如・多動症（Attention-Deficit/Hyperactivity Disorder; ADHD）などによる注意の障害や，意欲・自発性の低下を評価します。その他には，トレイルメイキングテスト（Trail Making Test; TMT）があり，数字を昇順に線で結ぶ課題（TMT-A）と数字と平仮名を交互に昇順に線で結ぶ課題（TMT-B）の2課題で構成されます。TMT は，注意機能以外にも視覚探索力や，処理速度，保続，衝動性などを総合的に測定できます。

3. 前頭葉機能および遂行機能検査

　前頭葉機能検査として，前頭葉機能を短時間で簡易に評価できる前頭葉アセスメント・バッテリー（Frontal Assessment Battery; FAB）があり，言語流暢性や抑制コントロールなど6つの下位検査で構成されています。また，ウィスコンシンカード分類検査（Wisconsin Card Sorting Test; WCST）は，新しい概念形成や柔軟さ，保続の程度を評価する検査であり，被検査者は，検査者の正

否の返答を手がかりに，提示されたカードが，検査者の考えているどの分類カテゴリーに属するかを類推し，回答します。その他にも，注意や干渉の抑制を測定する検査として，色名の単語とそれが書かれたインクの色が異なる色名の単語が提示され，インクの色を呼称させるストループ・テストがあります。遂行機能を測定する検査には，遂行機能障害症候群の行動評価（Behavioural Assessment of the Dysexecutive Syndrome; BADS）があり，日常生活や就労場面などさまざまな状況での問題解決能力を総合的に評価します。

4. その他の検査

　その他にもよく用いられる検査として，視空間認知機能を測定する検査があります。時計描画検査（Clock Drawing Test; CDT）は検査者が指示した時刻を指す針を含む時計を描画する検査で，視空間認知や視空間構成能力だけでなく，言語理解能力や視覚性記憶など，さまざまな認知機能を評価できます。コース立方体組み合わせテストは立方体のブロックを使って指示された模様を作る検査で，非言語性の知能の測定を目的としていますが，視空間認知構成の評価としても利用されます。レーヴン色彩マトリックス検査は，被検査者に標準図案の欠如部分に合致する図案を6つの選択肢の中から1つ選ばせる検査で，視覚的課題の演繹的な推理能力が測定できます。

コラム 10.1　認知症と MCI, フレイル

　正常に発達した知能が，後天的な原因により低下し，認知障害をきたすために生活上に支障が生じる状態を認知症といいます。物忘れなどの認知機能低下からはじまり，判断力の障害，問題解決能力の低下，計画を立てて実行できない遂行機能の低下が起こります。記憶障害，見当識障害，判断力の低下などは中核症状とよばれ，認知症患者の多くにみられる症状です。一方，暴言や被害念慮，興抑，うつ，不安，徘徊など，必ずしもすべての認知症患者にみられない行動や心理症状は周辺症状（Behavioral and Psychological Symptoms of Dementia; BPSD）とよばれます。認知症には，アルツハイマー型認知症，脳血管性認知症，レビー小体型認知症が多く，40～50歳代で発症する若年性認知症もあります。

　また，全般的な認知機能が正常で，認知症レベルまで達していない軽度認知障害（Mild Cognitive Impairment; MCI）とよばれる病態があります。これは，記憶や認知機能（判断力，見当識，実行機能など）のうち，1つの機能に問題が生じてるものの，全般的な認知機能は正常で日常生活にも問題がない状態を指します。MCIは，65歳以上の高齢者の15～25％でみられ，このうちの5～15％が1年以内に認知症に移行するとされています。つまり，MCIは認知症予備群といえます。さらに，近年では，MCIの前段階である「主観的な認知機能の低下（Subjective Cognitive Decline; SCD）」も注目されています。

　その他にも，高齢者の健康に関する重要な概念として「フレイル（虚弱）」があります。フレイルとは，「老化に伴う種々の機能低下を基盤とし，さまざまな健康障害に対する脆弱性が増加している状態」（葛谷，2009）のことで，健康な状態と要介護状態の中間に位置するといわれています。このフレイルは認知症とも関連しており，フレイルにより認知機能が低下すると，認知症発症のリスクが高くなることが報告されています（Kojima et al., 2016）。しかし，認知症と異なり，フレイルは可逆性であるため，適切な介入を行うことで健康な状態に戻すことができます。

140 第 10 章 神経生理学的基礎

参 考 図 書

ボーモント, J. G.・ケネアリー, P. M.・ロジャーズ, M. J. C.（編）岩田 誠・
　河内 十郎・河村 満（監訳）（2007）. 神経心理学事典　医学書院

小海 宏之（2019）. 神経心理学的アセスメント・ハンドブック　第 2 版　金剛出版

ルリヤ, A. R. 鹿島 晴雄（訳）（1999）. 神経心理学の基礎——脳のはたらき——
　第 2 版　創造出版

復 習 問 題

1. 交感神経と副交感神経のはたらきについて説明してください。
2. 脳幹の構造と機能について説明してください。
3. 前頭葉の機能について説明してください。
4. ブローカ失語とウェルニッケ失語の違いを説明してください。
5. 記憶機能検査にはどのようなものがあるか説明してください。

第11章 社会と文化

　私たちはこの世に生まれて，誰かに育てられ，誰かから教えられ，誰かと仲良くなり，誰かと争い，誰かと関わりながら人々の集まりの中で生きています。まったく誰とも関わらず，たった一人で生きていくことはできません。私たち一人ひとりは自分以外の誰かとの関わりやつながりによって成り立っており，自分自身の成長・発達もまた，そこからはじまっているように思われます。他者に対して何らかの印象や感情を抱くこと，特定の相手との間で人間関係を発展させたり，維持したり，解消したりすること，人の目が気になったり，人に合わせようとしたりすること，自分が所属する集団や社会がさまざまな動きや変化を示すこと，国や地域ごとに独自の価値観や信念，信仰，道徳などが長い年月を経て形成され，それらによって人の心が強い影響を受けること，これらはいずれも社会や文化に関わることとして，たいへん興味深いです。この章では，心理学の立場から人間と社会・文化について取り上げます。

11.1　社会的認知と社会的行動

　心理学で「社会」というと，比較的小さな規模のものから大きな規模のものまでが含まれます。もっとも小さな規模の社会は「私と誰か」または「誰かと別の誰か」といった二者関係ですが，もっと大きくなると特定の地域や国を超えて広く一般的な人間社会全体を指すこともあります。

11.1.1　対人認知

　個人に対する見方やとらえ方のことを対人認知といいます。第7章と第9章でふれたように，人間の感情は基本的なもの（喜怒哀楽，恐れ，嫌悪など）であれば，ことばを介さなくても表情や身体の動きを見ただけで，かなり正確に伝わります。しかし，実際に見たのは特定の行動や行為でしかないのに，その

第 11 章　社会と文化

場の感情状態だけでなく，その人のパーソナリティ特性にまで踏み込んで理解しようとすることがあります（第8章参照）。たとえば，あまり見かけない人が激しい怒りの言動や表情を示していたら，ついつい「怒りっぽい人である」と理解してしまいます。ところが，もしかしたら，本当は普段穏やかで親切で思いやりのある人が，たまたまそのときめずらしく怒りの感情を示しただけなのかもしれません。あるいは，「几帳面な人だ」と聞くと，「まじめで誠実で信頼できる人だろう」と思う人もあれば，「融通のきかない堅物に違いない」と思う人もいます。さらに，ある個人に関して血液型や容姿・容貌から，その人のパーソナリティを判断することもあります。このように，特定の行動・行為の一部や外見的特徴などから，その人のパーソナリティにまで推論が及ぶのは，人がさまざまな情報を結びつけてとらえているからです。このことを「暗黙裡のパーソナリティ理論」といいます。この場合，「理論」は心理学的に認められた理論・学説という意味ではなく，他者への個人的な見方・とらえ方のことを指します。

　一般に，よく知らない他者について，限られた情報から「この人はこういう人だ」ととらえてしまう心理プロセスを印象形成といいます。とりわけ初対面の人に対して形成される印象を第一印象といいます。初対面の人であっても，その相貌特徴（顔だち）だけでその人がどのようなパーソナリティであるかを判断してしまいます（表 11.1）。しかし，そのような関連づけは根拠に乏しく，あくまで平均的・一般的な見方にすぎません。

　相貌特徴という限られた外見の一部だけでなく，言語情報からも人は人物の印象を形成することができます。ここで興味深い例として，次のような実験があります。人物の特徴を示す単語（形容詞）のリストを実験参加者に呈示するとします。「知的な，器用な，勤勉な，温かい，てきぱきした，実際的な，用心深い」。別の実験参加者には，このリストの中で「温かい」のところだけ「冷たい」に入れ替えて呈示します。そうすると，この人物の印象は両方の実験参加者でずいぶん変わってきます（Asch, 1946）。「温かい」と「冷たい」という単語は，印象形成においてとくに大きな影響を及ぼし，それらの単語に引きずられて人物の全般的な好感度は明らかに大きく変わります。たとえば，

11.1 社会的認知と社会的行動　　　143

表 11.1　相貌特徴（顔だち）とパーソナリティ特性との関連づけ（大橋ら，1976 より改変）

群	相貌特徴	パーソナリティ特性
第1群	骨の細い，色の白い，顔の小さい，顔のきめの細かい，眉の細い，耳の小さい，鼻の穴の小さい，唇の薄い，口の小さい	消極的な，心の狭い，内向的な
第2群	やせた，背の高い，面長の，鼻の高い	知的な
第3群	背の低い，血色の悪い，額の狭い，目の細い，目の小さい，まつげの短い，鼻の低い，口元の緩んだ，歯並びの悪い	責任感のない
第4群	髪の毛の硬い，顔のきめの粗い，眉の逆八の字型の，上がり目の，頬のこけた，かぎ鼻の	無分別な，短気な，感じの悪い，不親切な，親しみにくい
第5群	髪の毛の柔らかい，眉の八の字型の，目の丸い，頬のふっくらした	感じの良い，親しみやすい，親切な
第6群	血色の良い，額の広い，目の大きい，まつげの長い，鼻のまっすぐな，口元の引き締まった，歯並びの良い	分別のある，責任感のある，外向的な
第7群	太った，丸顔の，下がり目の	心の広い，気長な，知的でない
第8群	骨太の，色の黒い，顔の大きい，眉の太い，耳の大きい，鼻の穴の大きい，唇の厚い，口の大きい	積極的な

「温かくて知的な人」という表現と「冷たくて知的な人」という表現では，受ける印象がまったく変わってきます。

11.1.2　態度の変化

　態度とは，自分の考えや感情，意思などを他者に示すことを指します。日常では「学習態度が良い／悪い」などといって，「良し悪し」が強調されますが，心理学では賛成意見や反対意見などを他者に向かって表明することに重点がおかれます。人間関係においても特定の人物を「好きだ」と思うこともあれば，「嫌いだ」と思うこともあります。このことについて，ハイダー（Heider, 1958）の**バランス理論**が有名です。この理論は，**P-O-X モデル**ともよばれ，知覚者（P），特定の他者（O），態度の対象（X）の三者関係において，P と O，P と X，O と X の関係をそれぞれ肯定的なものか否定的なものに単純化して考えます。すると，**図 11.1** のように全部で 8 つのパターンが得られます。たとえば，(a) は，自分（P）が一人の友人（O）と仲が良く，共に共通のサッカー

図 11.1　バランス理論（Heider, 1946 より作図）

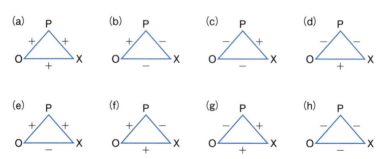

知覚者（P），特定の他者（O），態度の対象（X）の三者において，それぞれ二者間の関係を肯定的（＋）と否定的（－）に単純化すると，全部で8つのパターンが得られます。
上段の (a)～(d) の4パターンはバランス状態で，下段の (e)～(h) の4パターンはインバランス状態を表します。

チーム（X）を応援しているといった関係を表しています。この理論では，3つの関係のうちマイナス（－）がゼロか2個のときはバランス状態（均衡状態）で（図 11.1 では上段の4パターン），その他のときはインバランス状態（不均衡状態）である（同じく下段の4パターン）と考えます。バランス状態は心理的に快適なのですが，インバランス状態は不快なので，できるだけバランス状態になるような力がはたらきます。たとえば，(f) のパターンですが，私（P）はタバコ（X）が苦手で，仲の良い友人（O）は喫煙者です。すると，①その友人が禁煙するか [(f) → (b)]，②私が喫煙者になるか [(f) → (a)]，③私がその友人と会わないようにするか [(f) → (d)]，そのいずれかによってインバランス状態はバランス状態へと変化します。個人の態度変化はこのバランス理論によって，ある程度説明することができます。

11.1.3　原因帰属

先ほどの「怒りっぽい人」の例にみられるように，人は誰かの行動や行為を見たときに，その行動・行為がなぜ起こされたのかについて原因や理由を自分なりに推測し，解釈し，理解しようとします。これは第9章で取り上げた**原因帰属**です。怒りの言動や表情を，「怒りっぽい人」であるというパーソナリティ特性によるものであるととらえることを**内的帰属**といい，一方，その人の

11.1 社会的認知と社会的行動 145

怒りを引き起こしたのは何かの出来事（状況要因）のせいであるととらえることを**外的帰属**といいます（Heider, 1944）。内的帰属と外的帰属のどちらが優先されるかは，行為の対象（何に怒っているのか），状況（どのような場面で怒っているのか），行為者に関する情報（怒っている人はどのような人なのか）によって変わってくると考えられます。

　人はどちらかといえば，行動や行為が起きたときの状況要因による影響を低めにとらえ，その人物のパーソナリティ特性や能力を重く受け止める傾向があります。つまり，外的帰属よりも内的帰属が行われやすい傾向があります（Ross, 1977）。もしかしたら，さまざまな場面で他者が起こした失敗行動については，その原因や理由を考えるときに，失敗を犯した人の個人特性によるものであると考えて責任を追及しがちですが，状況要因による影響を軽視している可能性があるのかもしれません。ただし，他者の行動については内面に原因があるととらえがちであるのに対して，自己の行動の原因は自身の外側にあると考える傾向があります。このことを**行為者―観察者バイアス**といいます。

11.1.4　向社会的行動・非社会的行動・反社会的行動

　社会生活において人がどのように振る舞うかは，とても重要な心理学の研究テーマです。たとえば，他者に対して思いやりをもって親切にしたり，困っている人を助けたりすることは，社会の中で望ましい行動です。社会のためになる行動は**向社会的行動**（または，順社会的行動）といいます。その一方で，社会になじめずにひきこもったり，他者との間で社会的な関係を結ばずに自身の世界に閉じこもったりする場合の行動は，**非社会的行動**といいます。さらに，社会のルールやマナーから逸脱し，他者に迷惑をかけ，時には犯罪につながるような行動は，**反社会的行動**といいます。非社会的行動も反社会的行動もどちらも社会にとって望ましい行動ではありません。

　向社会的行動の中でも他者を助ける行動（援助行動）については，**傍観者効果**がよく知られています。傍観者効果とは，援助すべき場面で周囲に他者がいると援助行動が手控えられる（抑制される）ことを指します。その理由には次の3点があると考えられています。第1に「**責任の分散**」があげられます。助

けが必要な場面であっても，他にも人がいたら，助ける責任は自分に限らない
し，助けないことの罪悪感も軽減されるので助けないという判断につながりま
す。第2の原因は「評価懸念」です。助けなければならないと思って行動を起
こそうとしても，もしもそれが早合点や勘違いであったときは，他者から笑わ
れるかもしれません。そうした失敗を恐れ，助けることがためらわれます。第
3の原因は，「多元的無知」とよばれます。助ける必要があると思っても，そ
の場にいる他の人たちが誰も助けようとしないのだから，とくに緊急な助けを
要しないのではないかと判断してしまうのかもしれません。その他にも，援助
者の個人的要因が影響しており，一般に男性よりも女性のほうが，若者よりも
高齢者のほうが援助行動を起こしやすいことが知られています（箱井・高木，
1987）。

11.2　グループダイナミクス

　複数の個人が集まり（一定の空間と時間を共有する），そうした人たちの間
で共通目標や約束事，役割などが生まれると，1つの集団としてさまざまなか
たちで集団内の成員（メンバー）や他の集団に影響力をもちます。グループダ
イナミクス（集団力学）は，そのような集団の形成や発展，役割，成員間の関
係などを明らかにしようとする研究分野です。

11.2.1　集団の影響力

　自分一人で考えて答えを出そうとするよりも，気の合う何人かで一緒に考え
たほうが良い答えが得られることがあります。個人が所属する集団の影響に
よって，その個人の課題成績が伸びることを社会的促進といいます。その反面，
一人で課題を行ったほうが成績が良く，集団の影響によって個人の成績が下が
ることがあります。これは社会的抑制とよばれます。とくに動機づけの点で，
集団で課題を行うと人頼みになり，個人が努力を傾けなくなることがあります。
これは「社会的手抜き」とよばれる現象です。これを抑えるには，集団内の個
人ごとの貢献度をはっきりさせて評価することや，個人の関与度や課題そのも

のの魅力を高めることが重要であると考えられています（遠藤，2018）。

　個人が所属する集団には，さまざまなレベルのルールや決まり事があり，それらを**集団規範**といいます。集団規範の中には明文化・明示化されたものもあれば，暗黙裏に定められた漠然としたものもあります。1つの同じ集団に所属している成員は，行動や意見，態度が似ていることが多く，このことを**集団斉一性**といいます。集団で何かを行うときに，「みんなで同じように行動する」という社会的な圧力（プレッシャー）がかかることがあります。そうした圧力によって個人が行動や意見などを集団に合わせるかたちで変化させることを**同調**といいます（図11.2）。1つの集団内の成員は互いに同調し合うことで，集団斉一性はさらに高まっていきます。

　自分が所属している集団のことを**内集団**，その他の集団を**外集団**といいます。人がいつまでもその集団に所属し続けることを望んでいる場合，集団としての魅力が高く，集団への所属意識や集団の永続性を願うようになります。そのような集団は**凝集性**が高いといいます。その一方で，所属している集団に対して成員の誰もがあまり魅力を感じず，所属への動機づけが低くなっている集団は凝集性が低いといえます。

　一般に，内集団への魅力や所属感が高まって凝集性が強まると，外集団への

図 11.2　同調行動の実験（Asch, 1951 より改変）

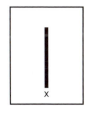
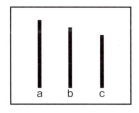

標準刺激　　　　　　　比較刺激

線分の長さを比較する課題で実験参加者に対して，左側の線分 x と同じ長さの線分を3つの線分（a, b, c）の中から選択させました。実験参加者が1人でこの課題を行うと正答率はほぼ100％でした（正解は明らかに b）。1人の本当の実験参加者の他に，サクラの実験参加者が先に誤った答えを言うと，本当の実験参加者は集団からの圧力によってサクラと同じ誤った答えを言うようになりました。サクラが続けて3人ほど同じ誤答を言った時点で，本当の実験参加者の30％ほどが同調行動を示しました。その後，サクラの人数が増えても同調行動はほぼ変わりませんでした。

対抗心や敵対心が高まる傾向のあることが知られています。これはいわゆる「身内びいき」や「よそ者意識」に関連しています。それらによって集団の間で対立や緊張関係，紛争が起きることがあります。これを集団間葛藤といいます。集団間葛藤が沈静化され解消されるには，集団間の友好的相互交流の機会を探り，集団間の協力や連帯がなければ解決できないような問題に双方が取り組み，集団間の上位目標が適切に設定される必要があります。

11.2.2 リーダーシップ

1つの集団の成員の中でも，主導的な役割を果たす者を「リーダー」，リーダーの決定に従うそれ以外の者を「フォロワー」といいます。リーダーシップとは，集団の目標を達成するために，成員の役割を明確にする，動機づけを高める，集団の維持・発展を推進するなど，リーダーのはたらきかけやその影響力のことを指します。

リーダーシップに関する心理学的理論として，PM理論がよく知られています（三隅，1984）。PM理論では，リーダーの役割を目標達成機能（performance function；P機能）と集団維持機能（maintenance function；M機能）に分け，この2つの機能の高低によってリーダーが4つのタイプに分かれることを示しました（図11.3）。このうち，目標達成機能と集団維持機能の両方が共

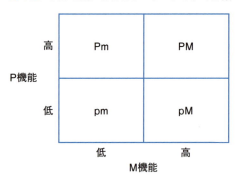

図11.3 PM理論におけるリーダーシップの分類

目標達成機能（P機能）と集団維持機能（M機能）のそれぞれが高い場合には大文字で，低い場合には小文字で表されています。

に高い PM 型のリーダーがすぐれ，どちらの機能も低い pm 型のリーダーが望ましくないことは明らかです。ただ，目標達成機能が高く集団維持機能が低い Pm 型のリーダーと目標達成機能が低く集団維持機能が高い pM 型のリーダーを比較すると，短期的には Pm 型のリーダーの生産性が高いものの，長期的には pM 型のリーダーのほうが生産性が高く，フォロワーの意欲や満足度も pM 型のリーダーのほうがすぐれていることがわかっています。

11.3 集合現象と社会現象

11.3.1 集合と群衆

不特定多数の人たちがたまたま何かの理由で一時的に居合わせることがあります。そうした集まりを集合といいます。さらに，集合の中でも，共通の興味や関心をもち，一定の場所に組織化されずに集まっている場合は群衆といいます。群衆は，はっきりしたコミュニケーションがなくても漠然とした一体感や連帯感が共有され，時には攻撃性や不安が増すこともあります。個人はこのような群衆の中で，自分自身が誰なのかわからなくなることさえあります（このことを没個性化といいます）。これは一種のアイデンティティの喪失であり，とくに個人の匿名性が高く，興奮し，責任が分散されると，没個性化が生じます。一般に，集団による決定は，個人による決定よりも極端な方向に偏ってしまうことがありますが（これを集団分極化現象または集団極化現象といいます），群衆では没個性化によって理性的な判断が抑制され，さらに衝動的で非道徳的な行動に突き進んでしまうことがあります。

群衆の中でも，コンサートや展覧会に集まる人たちや，政治家の街頭演説に集まる人たちを聴衆といいますが，それに対して，能動的な行動に出る人たちは乱衆といいます（暴衆またはモッブともいいます）。自然災害や火災事故などでは，その危険から逃れようとして乱衆が一気に無秩序な混乱状態に陥ります。これをパニックといいます。あるいは，暴動やリンチ，テロなどの暴力行為，銀行の取り付け騒ぎや買い占め，熱狂的で過激なファン行動なども，乱衆の特徴的な行動に分類されます。

11.3.2 流言とデマ

　社会の中で根も葉もない噂話が飛び交い，特定の情報について客観的に事実かどうかが検証されることなく，人から人へと伝達されていくことを流言といいます。ゴシップや都市伝説も流言の一種です。流言の中でも，わざと情報を捏造したり，意図的にゆがめて流したりすることを，とくにデマといいます。流言やデマは一般に，社会の中で不安や緊張が高まっているときに，不足している情報に関して発生しやすく，情報の受け手にとってその内容が重要であるにもかかわらず，あいまいである場合に広がりやすくなります。流言やデマの広がりの強さは，情報の重要性とあいまいさの積に比例するとされています（Allport & Postman, 1947）。数式のように表現すると，R＝i×a となります[R＝流言（Rumor），i＝重要性（importance），a＝あいまい性（ambiguity）]。

11.4　文化と心理

　文化とは，ある集団や社会において何世代にもわたって蓄積された知識や経験，信念，価値観，態度，信仰，芸術，道徳，法律，慣習などであり，集団や社会の成員はそれらを生活様式や行動様式として受け入れています（岡部，1996）。人は生まれついた場所や時代の文化的枠組みの中で知覚し，記憶し，思考し，判断し，人間関係や集団・社会を築いています。

11.4.1　個人主義と集団主義，相互独立的自己観と相互協調的自己観

　文化による人への影響を考えるときに，集団主義の文化であるか，あるいは個人主義の文化であるのかがよく問題になります。ここでの集団主義の文化とは，集団の調和や維持を重視し，集団の目標の達成を個人の目標の達成よりも優先させる傾向の強い文化です。一方，個人主義の文化とは，個人の意思や選択，課題解決を重視し，集団の目標達成よりも個人の目標達成を優先させる傾向が強い文化です。世界中の地域を比較検討すると，北アメリカやヨーロッパ諸国は個人主義の文化が多くみられるのに対して，東アジア諸国や中南米諸国は集団主義の文化が中心ではないかといわれてきました（Hofstede, 1991）。

11.4 文化と心理

図11.4 相互独立的自己観と相互協調的自己観に基づく自己のモデル
(Markus & Kitayama, 1991; Heine, 2012 より改変)

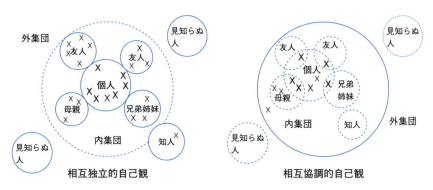

Xは自己を規定する内的特徴を示します。相互独立的自己観の場合，自己と他者は明確に境界線で区切られており，それぞれの内部に特徴が存在しています。一方，相互協調的自己観の場合，自己と他者の境界はあいまいで，その重複部分にも特徴が存在します。

　そうした集団主義と個人主義という文化の違いによって，自分自身をどのようにとらえているかという認識の仕方（個人の自己観）も変わってくると考えられています（Markus & Kitayama, 1991）。その中で，文化的自己観は「相互独立的自己観」と「相互協調的自己観」の２つに分けられています（図11.4）。相互独立的自己観では，自己と他者（親や友人など）との間に境界線が引かれ，両者は明確に区別されています。そして，それぞれの内部に個人を規定する特徴が備わっていると考えます。これに対して相互協調的自己観では，自他の区別があいまいで，両者の重複部分に個人を規定する特徴が含まれていると考えます。相互独立的自己観はさまざまな判断のときに「自分が何をしたいのか」に力点がおかれるのに対して，相互協調的自己観は判断時に「他者からどう思われるか」という観点が重視されます（表11.2）。このような対比は，単に自己観にとどまらず，「木を見る西洋人と森を見る東洋人」（一つの場面に対して西洋人は中心となる目立つ対象に注目するが，東洋人はもっと全体的な状況や環境に注目する）といったかたちで，知覚や注意，思考様式にまで拡張してとらえることができるという研究もあります（Masuda & Nisbett, 2001）。

第 11 章　社会と文化

表 11.2　相互独立的自己観と相互協調的自己観の違い

特徴	相互独立的自己観	相互協調的自己観
定義	社会的文脈から分離している	社会的文脈とつながっている
構造	境界があり，単一的で安定している	柔軟に変化する
重要な性質	内的で私的である（能力，志向，感情の面で）	外的で公的である（地位，役割，関係の面で）
課題	独自性が高い 自己を表現する 内的特徴を認識する 自身の目標に向かって進む 直接的に「自分自身の考えを述べる」	所属し，合わせる 適切な場所を確保する 適切な活動に関与する 他者の目標に向かって進む 間接的に「他者の心を読む」
他者の役割	自己評価：社会的比較のために，反省，評価のために必要である	自己定義：特定の社会的文脈における他者との関係が自己を定義する
自尊感情の基盤	自己を表現し，内的特徴を確認する能力	順応し，自己を抑制し，社会的文脈と調和する能力

11.4.2　異文化接触と異文化体験

　私たちは現在，さまざまなメディアを通じて他の国々や地域の文化の一端を知る機会が多くあります。その中で，私たちが普段，当たり前にしている社会の慣習や風習，制度の違いをはじめ，それぞれの社会に暮らす人たちの行動様式や思考様式の違いに気づかされます。ある一つの社会に生まれた個人が成長・発達するプロセスを通して，その個人が所属する社会や文化の中で標準や基準とされている行動様式や思考様式を身につけていくことを社会化といいます。

　そして，社会化された個人が（社会化の途中段階である子どもであっても），他の文化の中で社会化された人に出会い，関わりをもつ（相互作用の機会を得る）ことを異文化接触といいます。異文化体験とは，そうした異文化接触を通じて，さまざまな出来事を見聞きして個人に蓄積された知識や出来事の記憶のことです。実際に異文化の社会に移動して，そこに一定期間滞在したときに異文化接触から得られるものは，どのような目的や動機，理由によって移ったのか，どのくらい長い期間滞在したかによって当然変わってきます（図 11.5）。

図 11.5 滞在期間と移住の動機による移住の型
(Furnham & Bochner, 1986; 鈴木, 1997より改変)

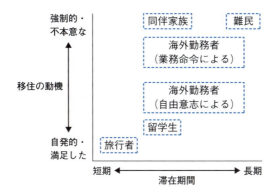

11.4.3 カルチャーショックと文化適応

　自分が生まれ育った文化以外の文化に接触したときに，ことばが通じないことを含め，精神的に混乱した状態に陥ることがあります。これを**カルチャーショック**といいます。とくに，異文化で暮らしはじめるときは，一時的な感情にとどまらず，場合によっては，ストレスが高まってさまざまな心身症状が引き起こされることもあります。

　文化適応とは，異文化に対して柔軟に対応し，心身の健康を保ちながら，異文化での生活に慣れていくことです。異文化への移行体験は，①異文化への接触，②自己崩壊，③自己再統合，④自律，⑤独立という5つの段階からとらえる考え方があります（Adler, 1975）。「異文化への接触」では，新しい環境を自身の文化とは切り離してとらえます。「自己崩壊」の段階では，文化的差異に圧倒され，自尊感情が低下し，場合によっては精神的安定性を欠くようになります。「自己再統合」の段階では，異文化を拒絶する傾向にあるものの，新しい環境に順応していくために自尊感情が変化してきます。「自律」の段階では，対人関係や言語の面で文化的差異に次第に対処できるようになります。「独立」の段階では，文化的差異を受け入れ，快適な生活を送ります。さまざまな困難や不安を乗り越えて，こうした文化適応のプロセスを経験することは個人の人生にとって大きな意味をもちます。

コラム 11.1　アイヒマン実験と刑務所実験

　アイヒマン（Eichmann, A.）は，第2次世界大戦中のナチスドイツ政権の高官で，ユダヤ人大量虐殺を指揮し，戦後，長い逃亡生活の末に逮捕されました。裁判で彼は「自分は上官の命令に従っただけである」と述べました。その後，ユダヤ系の社会心理学者ミルグラム（Milgram, S.）は，人間が権威者から命令されるとどのような命令であっても服従するのかについて実験的に調べました。実験は表向き，学習に及ぼす罰の効果を調べるという目的でしたが，実際は「教師役」の実験参加者が別の「生徒役」の実験参加者に対して，学習が進まないことを理由に電気ショックを与えるというものでした。生徒役は実はニセモノで，偽の電気ショックに対して迫真の演技で苦しがってみせます。そのような状況で教師役の実験参加者は，実験者から非常に強い電気ショック（もしも本当なら死にいたらしめるほど強力な電気ショック）を生徒役の実験参加者に与えるように命令されると，ためらいながらも最終的にその命令に服従してしまいました。

　この実験とは別に，ジンバルドー（Zimbardo, P.）は，実際の刑務所を模した実験室（スタンフォード大学心理学部の地下実験室）で，一般市民を対象に，無作為に「受刑者役」と「看守役」に分けて数日間過ごさせました。受刑者役の実験参加者は，いわゆる囚人服を着せられ，常に番号で呼ばれ，看守役には看守の制服や警笛，警棒が与えられました。実験が進むにつれてそれぞれの役割が内面化され，看守役の実験参加者は受刑者役の実験参加者をいじめ，罰を与え，侮辱するようになり，受刑者役の実験参加者は服従し，無気力な状態に陥りました。

　この2つの実験から，人間は権威に弱く，権威者から命令されれば，命令に服従し，他者を肉体的にも精神的にも攻撃することがわかりました。ただし，これらの実験結果それ自体の信頼性を疑う立場から批判もあります。少なくとも，人によってはこのような実験に参加することで大きなストレスを抱えるため，現在は研究倫理の面からこの種の実験は厳しく制限されています。

参 考 図 書

狩野 素朗（1985）．個と集団の社会心理学　ナカニシヤ出版

柏木 惠子・北山 忍・東 洋（編）（1997）．文化心理学——理論と実証——　東京大学出版会

ラタネ，B.・ダーリー，J. M. 竹村 研一・杉崎 和子（訳）（1977）．冷淡な傍観者——思いやりの社会心理学——　ブレーン出版

水口 禮治（1992）．「大衆」の社会心理学——非組織社会の人間行動——　ブレーン出版

復 習 問 題

1. 対人認知における印象形成について説明してください。
2. 態度が変化する理由やしくみについて説明してください。
3. 個人は集団からどのような影響を受けるかについて説明してください。
4. 不特定多数の人々が集まったときの現象について説明してください。
5. 個人の心と文化との関係について説明してください。

第12章 臨床実践と心理的支援

　臨床心理学は，心理学の一つの領域で，心理的な問題や障害を理解し，支援するための実践的な学問です。「臨床」ということばは，「患者の床（ベッド）に臨む」という意味をもっています。また，臨床心理学に対応する英語は clinical psychology ですが，clinical はギリシャ語で寝台やベッドを意味する klinikos に由来するといわれています。臨床も clinical も，現代では，支援者が対象者と直接対面して行う活動や態度を指す用語として広く使われています。

　日本では，近年，精神疾患やストレスに関連する疾病・障害などの増加が大きな問題となっており，これらの問題の深刻化を背景に 2017 年に日本ではじめての心理に関する国家資格として公認心理師が誕生しました。臨床心理学の知識や技術は公認心理師の実践の基礎となっており，公認心理師は今後，幅広い分野で活躍することが期待されています。それでは，公認心理師を含めた心理専門職者は，さまざまな心の問題に対し，どのような理論や技能をもとに臨んでいるのでしょうか。この章では臨床心理学の基本的な態度や代表的な心理療法について説明します。

12.1 臨床心理学の基礎理念

12.1.1 心理学におけるエビデンスに基づく実践

　臨床実践の領域では，実証的データや根拠をもとにした支援が重視されていますが，これらは EBM（Evidence-Based Medicine；エビデンスに基づく医療）の影響を受けたものといえます。近年では，医師以外の医療従事者（コメディカル）の実践を含めた EBP（Evidence-Based Practice；エビデンスに基づく実践）という概念も提唱されています。さらに心理学領域ではエビデンスに基づく実践のことを「心理学におけるエビデンスに基づく実践（Evidence-Based Practice in Psychology；EBPP）」といいます。EBPP は，「患者の特徴や文化，

選択（意向）といった文脈において，利用可能な最善の研究知見と臨床的専門性を統合すること」（APA, 2006）と定義されます。

　心理療法は，心の問題という，個別性が高く，流動的で，不確実なことが多い問題にアプローチするものです（松下，2021）。つまり，EBM や EBP と同じように，科学的根拠が重要となりますが，それと同等に，クライエントの背景や価値観，現実的なコスト（時間，労力，費用）といったさまざまな要因を考慮して，最善の選択をして心理療法を進めていく必要があります。

12.1.2　科学者─実践家モデル

　臨床心理学は，人間の行動がどのように維持，発展するかについての科学的探究と，人間の苦悩を生み出す状況を改善し，問題解決する臨床実践の 2 つの大きな柱から構成される学問です。これを踏まえた心理職の専門性の基本にあるのが科学者─実践家モデルであり，心理職は科学者と実践家の両面をバランスよく兼ね備えることが望まれます。

12.1.3　多職種連携

　多職種連携とは，医師や看護師だけでなく，医療福祉に関わるさまざまな専門職がお互いの専門性を活かしながら，1 つのチームとして，患者や利用者を包括的にサポートするためのアプローチです（図 12.1）。

　多職種連携においては，「生物─心理─社会モデル」（Engel, 1977；第 1 章参照）が重要となり，生物的，心理的，社会的要因を統合的に考慮することで，患者や利用者の全体像を把握することができ，より適切な治療やケアを提供できると考えられています。具体的には，生物的側面では，神経生理学，薬理学，生化学などの知見をもとに，医師，看護師，薬剤師などを中心に支援が行われます。心理的側面では，公認心理師や臨床心理士などの心理専門職が，心理学的知見をベースにカウンセリングなどを通して支援を行います。社会的側面では，社会福祉士や精神保健福祉士が日常生活や社会復帰のための相談や訓練，必要な福祉・医療サービスの提案や調整を行います。このように多職種が協力することにより，患者や利用者の生活背景や価値観を考慮したケアを行うこと

12.2 代表的な心理療法

図 12.1 多職種連携

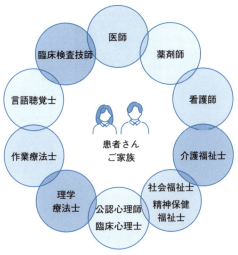

が可能となります。

12.2 代表的な心理療法

人が何らかの問題で心理的・行動的な不適応状態に陥った場合，適応状態に向けた援助が必要となることもあります。心理療法は，言語的・非言語的コミュニケーションを用いて，カウンセラー（セラピスト）がクライエントの悩みや心理的問題を解決することを目的としています。ただし，心理学的支援にはさまざまなアプローチがあり，カウンセラー（セラピスト）のもつ理論や技法により，治療の対象や介入方法が異なります。

12.2.1 パーソンセンタード・アプローチ

パーソンセンタード・アプローチは人間性心理学の代表的な心理療法であり，ロジャーズ（Rogers, C. R.；図 12.2）によって提唱されました。人間性心理学は，個人の人間性や価値観を尊重し，主体性，創造性，自己実現といった人間の肯定的側面を強調しています。また，人は自発性と自由意志をもった主体的な存在であり，適切な環境のもとで内在する力を最大限に成長させると考えら

図 12.2　ロジャーズ

図 12.3　ロジャーズの自己理論

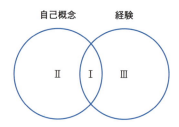

れています。人間性心理学には，その他にも，パールズ（Perls, F. S.）によるゲシュタルト療法，フランクル（Frankl, V. E.）によるロゴセラピー，マズロー（Maslow, A. H.）による自己実現理論などが含まれます。パーソンセンタード・アプローチは，人間性の成長を重視し，一人ひとりの自己実現を支援することをめざすアプローチです。このアプローチでは，人は基本的に健康で，誰もが成長，適応，健康に向かう実現傾向をもっており，本来もっている資質を適切に発揮できれば，自分の力で問題を乗り越えられると考えています。

　ロジャーズは独自のパーソナリティ理論を提唱し，パーソナリティが「自己概念」と「経験」から構成されると考えました（図 12.3）。「自己概念」は「自分はこうである」「自分はこうあるべき」という自分自身に対する認識（理想自己）で，「経験」は感覚・知覚を通じて個人が現実に体験する事象（現実自己）です。そして，自己概念と経験が一致している（自己一致）ほど（Ⅰの領域が大きい），自己の理想と現実が一致しており適応的なパーソナリティ状態といえます。反対に，自己不一致（ⅡとⅢの領域が大きい）は，葛藤や自己矛

盾により自分自身のことを認められず，不適応なパーソナリティ状態になります。パーソンセンタード・アプローチでは，自己一致の領域を広げることを目的に，カウンセラーは，クライエントが自身の体験や感情を否定したり，歪曲したりせず，ありのままを受け入れるよう促すことが求められます。そのためにカウンセラーはクライエントに対して，忠告や指示をするのではなく，クライエントの感情に焦点を当てつつ，傾聴することが基本となります。

さらに，パーソンセンタード・アプローチでは，クライエントが安心して相談できる関係性を提供できるように，セラピストは3つの条件を満たす態度が重要であるとしています。

1. 無条件の肯定的関心（積極的配慮）

クライエントの考えや行動を否定することなく，ありのままを受け入れ，理解しようとすることです。

2. 共感的理解

クライエントのおかれた状況や心境について具体的なイメージを思い浮かべながら，あたかも自分自身の体験のように感じとることです。共感的理解により，クライエントも自分が気づかなかった感情の意味を理解することができます。

3. 自己一致（純粋性）

セラピストがクライエントとの関係の中で偽りのない自分であろうとする態度です。セラピストが自分自身の感情に気づき，それを受け入れ，自分の本心と言動を一致させることです。

12.2.2 精神分析

精神分析はフロイト（Freud, S.；図 12.4）によって創始されました。フロイトは，心の中で意識にのぼっているのは一部であり，人の行動は自分では気づいていない無意識が大きなはたらきをしていると仮定しました。そして，意識することが苦痛となる不快な感情や認めがたい衝動を無意識の中に閉じ込め（抑圧），これが神経症などの症状として表出すると考えました。このことから，精神分析では，無意識に抑圧された葛藤の内容を表面化させ，本人が意識化す

図 12.4 フロイト

ることを介入目的とします。

　フロイトは，人間の心が「意識」と「無意識」，そして，両者の境界にある「前意識」の3層からなると考えました（**局所論**）。意識は自身が気づいている領域，前意識は普段は意識していなくても注意を向ければ思い出すことができる領域，無意識は心の大部分を占めるが自身は気づいていない，もしくは気づくことができない領域です。

　さらに，フロイトは，局所論を発展させ，心が「**エス（イド）**」「**超自我**」「**自我**」の3つの機能をもつ構造（心的装置）をなしていると考えました（構造論；図12.5）。エスは無意識に位置しており，リビドー（性的エネルギー）の源泉で，快を求め不快を避ける快楽原則に従います。超自我は，良心や道徳的禁止の機能を果たし，エスを検閲する役割をもっています。また，超自我は，

図 12.5 フロイトの構造論の説明図（Freud, 1932 をもとに作成）

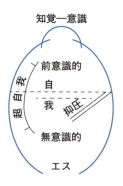

12.2 代表的な心理療法

163

幼児期に両親との同一化やしつけなどを通して取り込まれた道徳的な規範であり，「～してはいけない」「～すべき」といった理想の追求として表れます。自我は意識と前意識に位置します。エスや超自我，外界のそれぞれの要求の間で，現実に適応するための調整を行います。自我の強さが健全なパーソナリティの原点となりますが，自我が調整に失敗すると強い不安にさらされることになります。

この不安や葛藤，欲求不満の場面に直面したとき，自我を守り，現実に適応するためにはたらくのが「**防衛機制**」です。防衛機制は無意識的に行われますが，過度に用いられたり，特定のものが慢性的に使用されたりすると不適応状態に陥ります。代表的な防衛機制の一部を**表 12.1** に示します。

クライエントは，セラピストに対しさまざまな感情や態度を向けることがありますが，精神分析ではこれを「**転移**」といい，クライエントが過去に重要な

表 12.1 　防衛機制

種類	内容（考え方やとらえ方）
抑圧	苦痛や不快な感情や体験をなかったことにしたり，意識化させない。
反動形成	受け入れがたい衝動や欲求を避けるために本心とは反対の態度や行動をとる。
知性化	受け入れがたい感情や欲求を知的な理解を用いて対処する。
合理化	都合のよい理由づけをして不本意な自分の行為や事態を正当化する。
置き換え	感情を本来とは別の対象に向け，代理的に満足する。
退行	困難な事態に直面したときに，発達的に未熟な行動（甘える，わがままを言うなど）によって回避する。
投影	自分の欲求や感情を相手が抱いている欲求や感情と認知する。
同一視	自分の理想としている人や自分にないものをもった人と同じような行動をすることで，自分と一体化する。
補償	自分の弱点や劣等感を他のことで補う。
逃避	受け入れがたい状況から逃げたり，直面化を避ける。
転移	重要な他者（親・きょうだいなど）に抱いた感情をよく似た他者に対して向ける。
転換	不満や葛藤を身体症状に置き換えて表す。
昇華	性的，攻撃的な反社会的欲求を，芸術やスポーツなど社会に認められるかたちで満たす。
否認	不快な感情や体験を認識することを拒否したり，なかったことにする。

他者との間で生じた欲求や感情，態度をセラピストに示すことです。信頼や尊敬，愛情といった肯定的感情を向けることを「陽性転移」，不信感や怒り，憎しみといった否定的感情を向けることを「陰性転移」とよびます。一方，セラピストがクライエントに感情的な反応を示すことを「逆転移」といい，セラピストがクライエントに対して自分の過去の対人関係を重ね，個人的な感情を抱くことを意味します。精神分析において，転移の分析は重要であり，クライエントの自己洞察が進むきっかけになると考えられています。

12.2.3 行動療法・認知行動療法
1. 行動療法

行動療法は学習理論をベースとし，不適応行動を改善することを目的に，アイゼンク（Eysenck, H. J.；図 12.6）らを中心に発展してきました。行動療法の対象は，客観的に測定や操作が可能な行動であるため，介入効果を実証的に把握しやすいことが特徴といえます。

行動療法では，人間の行動を「学習されたもの」としてとらえており，不適応行動は「状況には適さない学習がなされた（誤学習）」「これまでに学習する機会がなかった（未学習）」ことが原因と理解されます。そして，不適応行動を消去し，それに替わる好ましい行動を学習するようはたらきかけます。

行動療法では，条件づけの理論を根拠とし，不適応行動の減少や消去，適応的な行動の獲得のためにさまざまな技法が用いられます。生理的・情緒的反応は古典的条件づけ，随意的な行動はオペラント条件づけにより説明されます。

図 12.6 アイゼンク

12.2 代表的な心理療法

古典的条件づけを用いた技法として,「系統的脱感作法」「エクスポージャー」「曝露反応妨害法」,オペラント条件づけを用いた技法には,「トークン・エコノミー法」「シェイピング法」「タイムアウト法」などがあります。

系統的脱感作法はウォルピ(Wolpe, J.)によって開発された技法で,特定の対象や場面で生じる不安に対して,それと拮抗するリラクセーション反応を同時に引き起こすことで,不安反応を軽減させます。具体的には,①不安場面を複数想起し,それらの不安の程度を評価し,不安階層表を作成します。②自律訓練法や漸進的筋弛緩法などのリラクセーション法を練習します。③不安階層表の不安度の低い場面から想起していき,不安が生じたらリラクセーション法を用いて,不安を取り除いていきます。

トークン・エコノミー法は,オペラント条件づけ理論に基づき,一定の課題を正しく遂行できたときに,「トークン(代理通貨)」を与えることで,行動を強化(行動頻度を増やす)します。つまり,自分の行動に対してご褒美(報酬)がもらえると,積極的にその行動をしようとする「正の強化」の原理を用いた方法です。トークンにはシールやスタンプが用いられ,一定の量がたまると報酬が与えられます。

2. 認知行動療法

認知行動療法は,学習理論に基づく行動療法と認知モデルに基づく認知療法が相互に技法を取り入れて発展したアプローチで,ベック(Beck, A. T.;図12.7)を中心に発展してきました。認知行動療法では,環境の刺激に対する個人の予測や信念,価値観といった認知のゆがみが,問題行動やその背景にある

図 12.7 ベック

図 12.8 認知行動療法の基本モデル（伊藤，2022 を一部修正）

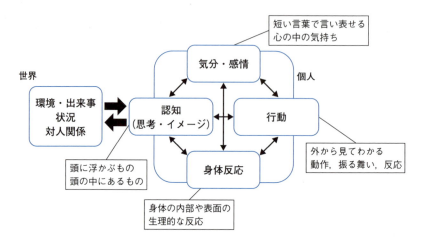

と考えます。治療対象となる不適応行動には，観察可能な行動に加え，感情も含まれます。図 12.8 は認知行動療法の基本となるモデルです。

認知行動療法では，問題となる感情や行動を変化させるために，クライエントの特性に応じた適応的な認知パターンに修正することを目的とします。また，クライエントとセラピストが協同し，クライエントの問題やその背景（環境，行動，認知，気分・感情など）を整理・構造化し，問題の改善をめざします。そして，クライエントが自分自身の行動や思考パターンを理解し，日常生活でセルフコントロールできるようになることが認知行動療法の最終目標です。

認知行動療法には，「認知療法」「論理情動行動療法」「合理情動（論理）療法」「認知再構成法」などがあります。「認知療法」は，ベックによって開発された療法で，認知プロセスを変えることを目的とします。認知療法は主にうつ病に有効とされ，不安神経症や強迫神経症にも適用されます。認知療法では，自分の意志とは関係なく意識に浮かび上がる思考である「否定的自動思考」，現実をゆがめて認知し，不快な自動思考が生じやすい「推論の誤り」，抑うつ的な推論の誤りを引き起こす「スキーマ」にアプローチし，それらを変えていくことで治療を行います。また，「認知再構成法」では，クライエントが自身のパターン化した非機能的な認知（自動思考）に気づき，適応的で機能的な認

知に再構成することを目的とします。

12.2.4 家族療法

　家族療法は，家族を1つのまとまりある「家族システム」とみなし，心理的問題を個人の問題としてではなく，個人が所属する家族システムの問題としてとらえます。個人の行動やパーソナリティではなく，家族の関係性についてアセスメントし，介入することが特徴です。

　家族療法では，家族メンバーは相互に影響しており，すべての事象が互いに関連をもちながら循環していると考えます。そのため，1つの原因から1つの結果が生じるとする直線的因果律ではなく，家族システム内の円環的な関係（円環的因果律）として問題をとらえます（図12.9）。たとえば，子どもに問題行動が起こったとき，親の養育を問題の原因としてみることは直線的因果律の例です。家族問題についての直線的因果律は，結果的に悪者探しとなり，悪循環に陥る可能性があります。一方，円環的因果律では，母親と子ども，父親と子どもそれぞれの関係性や両親の夫婦間の関係性のように全体構造の中で家族をとらえ，子どもの問題行動を家族の機能不全の結果としてみます。そのた

図12.9　直線的因果律と円環的因果律

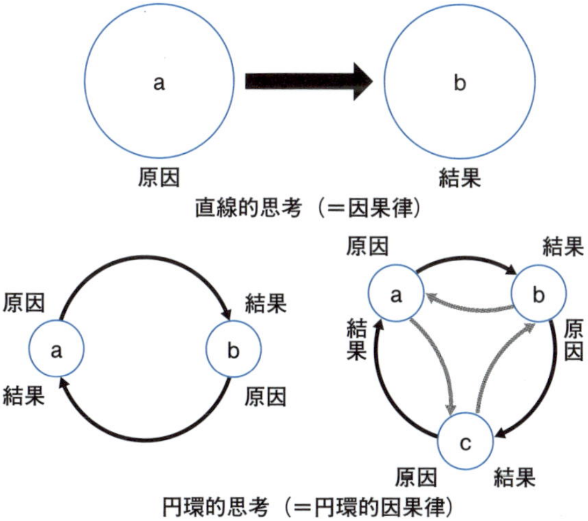

め，家族療法では，問題を呈している家族は何らかの悪循環によって機能していないととらえ，悪循環を断つことを目的とした介入が重要と考えます。

また，家族療法では，症状や問題を抱えている人を「IP（Identified Patient；患者とみなされる人）」とよびます。IPの問題は個人の問題ではなく，家族システムの病理を代表して，患者の役割を与えられたと理解します。家族システムが機能不全に陥ると，それに対してもっとも影響を受けた個人が症状や問題行動を呈します。ただし，家族システムが変容する過程で，IPが他の家族メンバーに移行することもあるため，個人ではなく，家族全体を治療対象とする必要があるのです。

12.2.5 その他の心理療法

1. 日本独自の心理療法

日本独自の心理療法としては，「森田療法」「内観療法」「動作法」などがあります。

森田療法は，森田正馬により考案され，森田神経質とよばれる精神症状を改善するために開発されました。森田神経質は，ヒポコンドリー性基調（自己内省的，過敏などの神経質傾向）を問題としています。森田療法では，不安や恐怖を自然なものとして，「あるがまま」の自分を受け入れるようクライエントを支援します。治療は，生理的な活動以外は行わない「絶対臥褥期」，散歩や簡単な作業を行う「軽作業期」，絶えず作業を行い，徐々に肉体的に負担がかかる作業を行う「重作業期」，日常生活に復帰するために生活訓練を行う「退院準備期」の4期に分けて行われます。

内観療法は，吉本伊信が浄土真宗の「見調べ」をもとに考案した心理療法です。外部刺激が遮断された狭く静かな部屋で，身近な人（父，母，配偶者など）に対し，「してもらったこと」「して返したこと」「迷惑をかけたこと」の3つのテーマについて過去の体験を思い出し，面接者に報告します。これを繰り返すことで，これまでの人間関係や自分の生き方について，新たな視点が得られます。内観療法は，人間関係の不和，非行，依存症（アルコール，薬物），不安症，うつ病などに幅広く適用されます。

参考図書・復習問題　　169

表 12.2　ノークロスによる折衷的／統合的心理療法の分類 (Norcross, 2005)

技法的折衷	多様な学派の中から，クライエントの問題や特性に適した技法を選択し，活用することをめざす。
共通要因の抽出	多様な学派に共通する治療要因（治療同盟，共感，セラピーへの肯定的な期待など）を明らかにすることをめざす。
理論的統合	異なる学派の理論を検討し，それぞれの学派の視点をもちながらも，整合的で一貫性のある新たな理論の構築をめざす。
システミックな統合	1 つの学派を基盤にしながら，他の学派の視点や，態度，技法を徐々に取り入れていくことをめざす。

2. 折衷的／統合的心理療法

　心理療法には多様な学派や技法がありますが，それらはすべてのクライエントに同等の効果が得られるわけではありません。統合的心理療法（アプローチ）では，個々のクライエントによって，またはクライエントのその時々の状態によって，異なる学派の心理療法を組み合わせて用いることで，心理療法の効果を高めることをめざしています。

　ノークロス（Norcross, 2005）は，心理療法の理論や技法の整理・統合の動向を概観し，その方法を「技法的折衷」「共通要因の抽出」「理論的統合」「システミックな統合」の 4 つに分類しています（表 12.2）。

参 考 図 書

下山 晴彦（2009）．よくわかる臨床心理学　改訂新版　ミネルヴァ書房

丹野 義彦・石垣 琢麿・毛利 伊吹・佐々木 淳・杉山 明子（2015）．臨床心理学　有斐閣

復 習 問 題

1. 多職種連携について説明してください。
2. パーソンセンタード・アプローチのセラピストの 3 条件について説明してください。
3. 精神分析の「エス」「自我」「超自我」の機能について説明してください。
4. 古典的条件づけの学習理論を用いた行動療法について説明してください。
5. 家族療法では心理的問題がどのように生じると考えているか説明してください。

コラム 12.1　災害時の心理的支援

　近年，日本では，地震や豪雨など多くの大規模自然災害が発生しています。大規模災害となれば，建物の倒壊や火災などで多くの負傷者が発生し，医療の必要性が高まります。また，災害は大きな心理的負担を与え，トラウマ反応や喪失反応，避難生活などによる生活ストレス反応などが生じることも予想されます。さらに，災害支援者にとっても，被災地域という厳しい環境での活動は大きなストレスとなり，被災者だけでなく支援者にも心理的なケアが必要となります。

　DPAT（Disaster Psychiatric Assistance Team；災害派遣精神医療チーム）は，心理的ケアに関する活動を行うために，都道府県および政令指定都市によって組織されるチームです。DMAT（Disaster Medical Assistance Team；災害派遣医療チーム）が被災者の救急治療を行う医療チームであるのに対し，DPATは，心のケアに関する専門的な研修・訓練を受けたチームを指します。チームは，精神科医師，看護師，後方支援を行う業務調整員で構成されており，被災地のニーズに合わせて，薬剤師，保健師，精神保健福祉士や公認心理師が加わることもあります。主な活動としては，心のケア活動の他に，被災した医療機関の支援，支援者への専門的支援などがあげられます。

　また，災害直後の被災者への心理的支援法として，サイコロジカル・ファーストエイド（Psychological First Aid; PFA）があります。PFAは，被災者が現状以上の被害を受けないよう安全や安心を確保し，人々が自らの力で自然に回復するための支援を目的としています。そのため，被災者に対して支援を押しつけるのではなく，被災者それぞれのニーズに合わせた，柔軟かつ適切な対応が重視されます。

第13章
メンタルヘルス

　みなさんは普段の生活の中でストレスを感じることはありますか？　家族や友人などとの人間関係，勉強や仕事に対するストレスなど，私たちにとってストレスは身近な問題といえます。2019年の国民生活基礎調査（厚生労働省，2020）によると，12歳以上の日本人の47.9%が「日常生活での悩みやストレスがある」と回答しています。年代別にみると，男女共に30代から50代にかけてのストレスが高くなっており，日本人にとってメンタルヘルス（精神的健康）に関する種々の問題は重要であるといえます。ストレスは日常的によく耳にすることばですが，その実態をわかっていない方も多いかもしれません。この章では，ストレスとは何か，ストレスが何をもたらし，心の健康を保つためには何が必要なのかについて説明します。

13.1　ストレス

　ストレスはもともと「物体に外から圧力をかけることで生じる歪み」を意味する工学分野の用語です。心理学においてストレスは，「外部からの刺激に対する身体的・心理的反応」と定義できます。ストレスは，外的な刺激によって引き起こされますが，ストレスを引き起こす刺激を「ストレッサー」とよび，ストレッサーにはいくつかの種類があります（表13.1）。また，ストレッサーによって生じる反応を「ストレス反応」とよびます。

　ストレス反応には，血圧の上昇，発汗，腹痛，めまいなどの「身体的反応」，不安，無気力，思考力・判断力の低下などの「心理的反応」，行動意欲の減退，飲酒量・喫煙量の増加，攻撃的な行動などの「行動的反応」があります。ただし，ストレス反応には個人差があるため，すべての人が同じ反応を示すわけではありません。

表 13.1 主なストレッサーの種類

物理的ストレッサー	温度，音，光など
化学的ストレッサー	タバコ，アルコール，汚染物質など
生物学的ストレッサー	細菌，ウイルス，花粉など
心理的ストレッサー	不安，焦り，悲しみなど
社会的ストレッサー	家庭環境，職場（学校）環境，経済問題など

13.2 ストレスの生理的側面

13.2.1 セリエの汎適応症候群

セリエ（Selye, H.）は，どのようなストレッサーにも共通して生じる反応パターンがあることを明らかにしました。具体的には，ストレッサーにより胸腺やリンパ腺の萎縮，胃と十二指腸の潰瘍，副腎皮質の肥大といった症状がみられます。このようなストレッサーによってもたらされる身体的反応を「汎適応症候群（General Adaptation Syndrome; GAS）」といいます。セリエは，GAS の時間経過と生体の抵抗力との関係について，「警告反応期」「抵抗期」「疲憊期」の3段階で進むと仮定しています（図 13.1）。

1. 警告反応期

ストレッサーを受けた直後の時期で，ショック相と反ショック相に分けられます。生体はストレッサーに対して無防備なため，ショック相では抵抗力が一時的に下がり，血圧や体温の低下，筋緊張の減退などが生じます。その後，反

図 13.1 汎適応症候群（GAS）の3つの段階

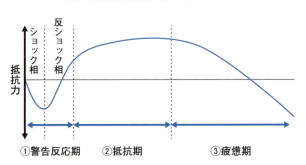

ショック相に移行すると，ストレスに対する生体の適応反応がはたらきはじめます。

2. 抵抗期

　生体のストレッサーに対する適応反応が完成する時期です。この時期は，ストレッサーとストレス耐性が拮抗していますが，これを維持するにはエネルギーが必要となります。この間に，ストレッサーが除去されたり，完全に適応できれば健康は維持されますが，エネルギーを消費しすぎると「疲憊期」に移行します。

3. 疲憊期

　長期間継続するストレッサーにエネルギーが枯渇し，生体の抵抗力が衰えていく時期です。疲憊期には生体機能の低下（副腎皮質の肥大，胸腺の萎縮など）がみられます。また，抑うつや無気力といった精神症状，胃潰瘍や免疫機能不全などの身体症状も引き起こし，最悪の場合は死にいたります。

13.2.2　ストレスに対する生理的反応

　ストレスには副腎皮質と副腎髄質の両方が関与しています。ストレスを受けると，副腎皮質から副腎皮質ホルモンが分泌され，それと同時に交感神経が支配している副腎皮質の中の副腎髄質からアドレナリンなどが分泌されます。

　副腎皮質は，ストレス反応に対して，コルチゾールなどの副腎皮質ホルモンを分泌します。これらのホルモンはエネルギー代謝を調節し，炎症や免疫を抑制するなど，長期的なストレスに対処する役割を果たします。ただし，慢性的なストレスにより過剰にホルモンが分泌されると，不眠症，うつ病，ストレス関連疾患につながると考えられています。また，ストレス反応が起こると，交感神経が活発化し，副腎髄質はアドレナリン（エピネフリン）とノルアドレナリン（ノルエピネフリン）の分泌を増加させます。これらのホルモンは，血圧や血糖値の上昇，免疫抑制，胃酸分泌促進など身体を活性化してストレスに対抗する役割を果たします。このように，短期的，急性的なストレスには副腎髄質が関連しており，急激かつ短時間の反応が生じます。一方，長期的，慢性的なストレスには副腎皮質が関連しており，持続的かつ調節された反応が起こり

ます。

13.3 ストレスの心理・社会的側面
13.3.1 トランスアクショナルモデル

ラザルスとフォルクマン（Lazarus & Folkman, 1984）は，ストレスは個人と環境の相互作用によって生じるとする「トランスアクショナルモデル」を提唱しました（図 13.2）。このモデルでは，ストレッサーによってストレス反応が生じるかどうかは「認知的評価（一次的評価）」と「コーピング（二次的評価）」の過程によって決まると考えます。

「認知的評価（一次的評価）」では，ストレッサーが自分にとってどれぐらい脅威的かを評価し，さらにそれが無関係か，無害か，ストレスフルかを判断します。脅威的であるかの評価は，その人のパーソナリティや信念，経験が影響すると考えられています。たとえば，初対面の人と話をする場面では，内向的な人にとっては脅威となり得ますが，外向的な人には脅威とはなりません。

次に，刺激が脅威と判断されれば，ストレッサーに対してどのような対処（コーピング）ができるか判断します（二次的評価）。コーピングのスタイルは

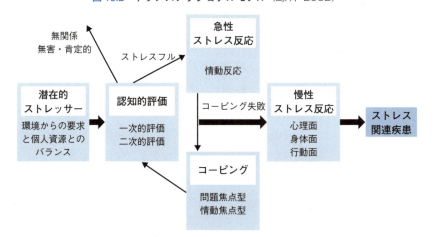

図 13.2 トランスアクショナルモデル（島津，2002）

13.3　ストレスの心理・社会的側面　　175

個人やその状況により異なります。ラザルスによると，コーピングは「問題焦点型コーピング」と「情動焦点型コーピング」に分けられます。問題焦点型コーピングは，ストレスフルな状況にはたらきかけ，積極的に解決しようとする方法で，問題解決に向けて情報を収集したり，解決策を考えて実行しようとしたりします。情動焦点型コーピングは，ストレス状況によって生じる不快な感情をコントロールすることで対処しようとする方法で，気分転換をしたり，直面する問題から回避したりするなどの方法をとります。一般的には，問題焦点型コーピングは情動焦点型コーピングよりもストレス反応を軽減できます。しかし，解決が困難なストレッサーの場合，根本的な解決にはいたりませんが，情動焦点型コーピングのほうがストレス反応を抑制することができます。

　二次的評価で選択されたコーピングでうまく対処ができれば，出来事の脅威は軽減されます。一方で，コーピングがうまくいかなかった場合にはコーピングの再選択を行います。さらに，ストレス反応も，ストレッサーを感じたときの急性ストレス反応とうまくコーピングができなかったときの慢性ストレス反応の2つに区別されます。

13.3.2　社会的再適応評価尺度

　さまざまなストレッサーの中でも，私たちが日常生活で体験する出来事がストレッサー（社会的ストレッサー）となることが多くあります。

　ホルムズとレイ（Holmes & Rahe, 1967）は，生活上の出来事（ライフイベント）の有無や程度がその後の健康状態を予測すると考えました。彼らは，ライフイベントに対するストレスを点数化する尺度として「社会的再適応評価尺度」を作成しました（表13.2）。それぞれのライフイベントには，ライフイベントに遭遇してから平常を取り戻すまでにかかる労力を数値化した生活変化得点（Life Change Units; LCU）が割り当てられ，得点が高い出来事ほどストレス度が高いといえます。項目には，結婚や長期休暇といった肯定的に思える出来事も含まれていますが，これらも生活に変化が生じるため，ストレッサーとなり得るのです。

　尺度は1年間に経験した項目のLCUを合計することで，1年間のストレッ

表 13.2 社会的再適応評価尺度 (Holmes & Rahe, 1967)

順位	出来事	LCU	順位	出来事	LCU
1	配偶者の死	100	23	子どもが家を離れる	29
2	離婚	73	24	親戚とのトラブル	29
3	夫婦別居	65	25	個人的な成功	28
4	刑務所などでの拘留	63	26	妻の就職・離職	26
5	近親者の死	63	27	就学・卒業	26
6	自分の病気やケガ	53	28	生活状況の変化	25
7	結婚	50	29	個人的習慣の変化	24
8	解雇・失業	47	30	上司とのトラブル	23
9	夫婦の和解・調停	45	31	労働条件の変化	20
10	退職	45	32	転居	20
11	家族の病気やケガ	44	33	転校	20
12	妊娠	40	34	レクリエーションの変化	19
13	性生活の問題	39	35	宗教（教会）活動の変化	19
14	家族が増える	39	36	社会活動の変化	18
15	仕事の再調整	39	37	1 万ドル以下の借金	17
16	経済状態の変化	38	38	睡眠習慣の変化	16
17	親友の死	37	39	家族団らんの変化	15
18	転職	35	40	食習慣の変化	15
19	夫婦喧嘩の増加	35	41	長期休暇	13
20	1 万ドル以上の借金	31	42	クリスマス	12
21	担保や貸付金の損失	30	43	軽微な法律違反	11
22	仕事上の責任変化	29			

サーの総量を測定することができます。合計点が 200 〜 300 点の場合は約 50%，300 点以上の場合は約 80% に何らかの身体疾患があることが明らかになっています。このことは，体験したストレッサーが大きいほど疾患や不適応が生じやすいことを意味しています。

　日本では，夏目（2008）が勤労者のストレス度を知るために社会的再適応評価尺度を改変し，調査を行いました。その結果，「配偶者の死」のストレス度がもっとも高く，次いで「会社の倒産」「親族の死」「離婚」「夫婦の別居」の順となっていました。この結果から，喪失体験が強いストレッサーであることがわかります。

13.4 ストレスと心身の疾病

　WHO（世界保健機関）によると，健康とは「単に病気ではないことや病弱ではないことではなく，肉体的，精神的，社会的のすべてにおいて良好な状態」と定義されています。つまり，健康は身体的問題がないだけでなく，メンタルヘルスが保たれ，周囲との人間関係が良好であることも必要です。

13.4.1 う つ 病

　うつ病（うつ病性障害）は，気分障害の一つで，感情面（憂うつ，悲哀，自己の無価値感），活動面（意欲や興味・関心の低下），思考面（判断力や思考力の低下）といった症状が現れます。また，身体症状としても，倦怠感，睡眠障害，食欲や性欲の低下などがみられます。

　日本うつ病学会によると，うつ病の発症には生物学的，遺伝的，心理社会的要因が複合的に影響しています。また，ストレッサーに対する認知的評価やコーピングが適切でない場合にうつ病のリスクは高くなります。うつ病の治療には，休養や環境調整（職場での配置転換など），薬物療法に加え，認知行動療法などの心理療法も行われます。

13.4.2 心 身 症

　日本心身医学会によると，心身症は，「身体疾患の中で，その発症や経過に心理社会的因子が密接に関与し，器質的障害ないし機能的障害の認められる病態をいう。ただし，神経症やうつ病など，他の精神障害に伴う身体症状は除外する」（日本心身医学会教育研修委員会，1991）と定義されます。つまり，心理社会的ストレスが原因となって生じる身体疾患で，症状には器質的障害（胃潰瘍など）や機能的障害（過敏性腸症候群など）があります（表13.3）。心身症の治療は，それぞれの疾患に応じた薬物療法と心理療法が並行して行われます。

表 13.3　主な心身症

呼吸器系	気管支喘息，過換気症候群（過呼吸）
消化器系	胃・十二指腸潰瘍，過敏性腸症候群
循環器系	本態性高血圧，起立性調節障害，不整脈
内分泌系	糖尿病，肥満症，月経異常
神経系	頭痛，めまい，自律神経失調症
骨・筋肉系	腰痛，肩こり，関節リウマチ
皮膚系	アトピー性皮膚炎，円形脱毛症，多汗症
泌尿器系	排尿障害（夜尿症など），勃起障害
耳鼻科系	突発性難聴，メニエール症候群

13.4.3　適応障害

適応障害は，ストレス障害の一つで，特定可能なストレスにより，精神面や身体面にさまざまな症状が現れ，日常生活に支障をきたすことを指します。症状には，抑うつ気分や不安，意欲の低下などの精神症状と，頭痛，めまい，倦怠感などの身体症状があります。症状はストレスのはじまりから3カ月以内に出現し，ストレスの消失後6カ月以内に改善するとされています。

13.4.4　バーンアウト

対人援助職は，患者や利用者に対して，感情をコントロールしながら働くこと（感情労働）が求められます。職務で求められる感情と自分の本来の感情のギャップはストレスを生じさせ，このストレスが蓄積されるとバーンアウト（燃え尽き症候群）を引き起こす可能性があります。マスラックとジャクソン（Maslach & Jackson, 1981）によると，バーンアウトは，「長期間にわたり人に援助する過程で心的エネルギーが絶えず過度に要求された結果，極度の心身疲労と感情の枯渇を示す状態」と定義されます。つまり，職務上の過度で持続的なストレスにより，心身が疲労し，急激に意欲が低下した状態といえます。

バーンアウトはストレス反応として生じると考えられており，その要因として，個人要因と環境要因に分けることができます（図 13.3）。個人要因としては，「ひたむきさ」や「使命感の強さ」といったパーソナリティ特性があげられます。その他，年齢や職務年数があり，若く経験の浅い対人援助職者は，目標

図 13.3 バーンアウトの発症過程（久保，2007）

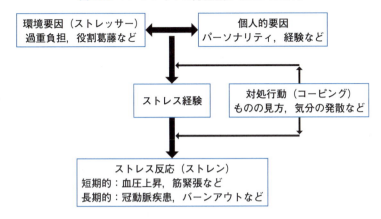

が高く職務や組織への期待が大きいため，バーンアウトしやすいことが報告されています（Bartz & Maloney, 1986）。環境要因には職務内容や労働環境があげられ，労働時間や作業量といった量的な負担だけでなく，仕事を強制され，自分の意思が反映されない職場環境といった質的な負担もバーンアウトのリスク要因となります。

13.4.5　PTSD（心的外傷後ストレス障害），ASD（急性ストレス障害）

PTSD（心的外傷後ストレス障害；Post-Traumatic Stress Disorder）とは，戦争や災害，犯罪など死の危険を感じるほどの強い恐怖と無力感を伴う心的外傷（トラウマ）体験の後に，心理的・身体的症状が1カ月以上持続する障害です。また，症状が1カ月以内の場合は **ASD（急性ストレス障害**；Acute Stress Disorder）と診断されます。心的外傷体験は，直接的な体験だけでなく，出来事を目撃するなどの間接的な体験も含まれます。DSM-5で示されている主な症状には表 13.4 のようなものがあります。

また，虐待やDV（ドメスティック・バイオレンス；Domestic Violence）のような，長期間で反復的な心的外傷体験をきっかけに発症するものを複雑性PTSDとよびます。複雑性PTSDは，上述のPTSDの症状に加えて，重篤な解離症状や，感情調整や対人関係の困難さを伴います。

第 13 章　メンタルヘルス

表 13.4　PTSD の主な症状

回避症状	心的外傷体験に関連する物事（人物や状況）や記憶，思考，感情を避ける。
侵入症状	心的外傷体験に関する苦痛な記憶が，本人の意思とは関係なく，反復的，侵入的に想起されたり，夢に現れたりする。
認知と気分の陰性変化	物事を過度に否定的にとらえたり，興味・関心が低下したり，ネガティブ感情や孤立感を感じたりする。
過覚醒症状	物事に過敏になったり，イライラしやすくなったりして自己破壊的な行動をとることもある。また，集中力の低下や睡眠障害がみられる。

13.5　ストレスとパーソナリティ特性

　前述のようにストレッサーに対する認知的評価やコーピングは，パーソナリティや信念の影響を受けます。その中でもパーソナリティの例として，タイプ A 行動パターンやタイプ C 行動パターンがあげられます。

　タイプ A 行動パターンは，フリードマンとローゼンマン（Friedman & Rosenman, 1974）が明らかにした，虚血性心疾患患者（狭心症，心筋梗塞など）に多いパーソナリティ特性です。その特性としては，①過度の達成意欲，②時間的切迫感，③強い競争心，④攻撃性の強さ，にまとめられます。これらの特性をもっている人は，自らストレス状況を作りやすく，慢性的なストレス状態にあるため，心臓への負担が大きいと考えられています。しかし，その後の研究では，タイプ A 行動パターンではなく，タイプ A に特徴的なパーソナリティ特性である怒りや敵意が心疾患の要因となっていることが示唆されています（Chida & Steptoe, 2009）。

　一方，タイプ C 行動パターンはテモショック（Temoshok, 1987）によって明らかにされた，がん患者に多いパーソナリティ特性です。その特性としては，怒りや不安などのネガティブ感情を抑制し，忍耐強く，他者との関係においても譲歩的であるとされています。このことから，適切なコーピングができず，結果として絶望感や抑うつに陥りやすくなります。また，タイプ C 行動パターンによって生じるストレスによって免疫機能が低下し，結果としてがんのリス

13.6 メンタルヘルスのサポート資源　　　181

クが高くなると考えられています。しかし，パーソナリティとがんの因果関係は示されておらず，ストレスやパーソナリティをがんのリスク要因とする考えを否定する研究もあります。

　近年では，ネガティブ感情を抱きやすいがそれを表出できずに抑制する傾向にあるタイプ D 行動パターンが注目されており，虚血性心疾患との関連があることが明らかにされています（Denollet et al., 2000）。

13.6 メンタルヘルスのサポート資源

13.6.1 ソーシャルサポート

　ソーシャルサポートは，周囲の重要な他者（家族，友人，同僚，地域社会，専門職など）から得られるさまざまな援助のことであり，心身の健康の維持や促進に重要な役割を果たします（Caplan, 1974）。また，ソーシャルサポートにはストレス軽減や，抑うつの緩和などの効果があることがわかっています。とくに，「知覚されたサポート（他者が援助してくれるだろうという期待や予測）」が多ければ，ストレス反応が小さいことが明らかとなっています（Schaefer et al., 1981）。

　ソーシャルサポートの機能としては，①情緒的サポート（共感したり，安心や愛情を与える），②道具的サポート（仕事を手伝ったり，お金を貸すなど直接的な援助をする），③情報的サポート（問題解決に必要な情報提供や助言を行う），④評価的サポート（意見に賛成したり，仕事を適切に評価する）の4つがあります。

13.6.2 ソーシャルコンボイ

　ソーシャルサポートは，他者との継続的な関係の中で行われ，ネットワークを形成しています。このようなソーシャルサポートのネットワークは，「ソーシャルコンボイ」とよばれます（Kahn & Antonucci, 1980）。コンボイは母艦が護送艦に守られて進むような護送船団のことで，個人が周囲の人のサポートによって支えられていることを表しています。

図 13.4 ソーシャルコンボイ

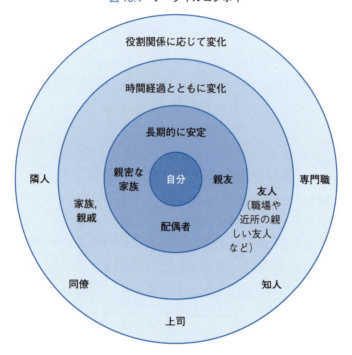

　ソーシャルコンボイは，ソーシャルサポートの観点から，個人（P）を中心とした社会的ネットワークを円状に表したものです（図 13.4）。内側の同心円に近いほど，長期的で安定した関係の人物（家族や親友など）であり，外側の層になるほど親密度が低く，その時々の状況で変化する社会的な役割と関連した人物（同僚，地域住民）が配置されています。豊かで安定したネットワークを形成している人ほど，危機やストレスにうまく対処できると考えられています。

コラム 13.1　アディクション（依存症，嗜癖）

　アディクションとは，特定の物質や活動に対する強い依存が形成され，刺激がないと不快な身体的症状（頭痛，吐き気，不眠）や精神的症状（イライラ，意欲低下，気分の落ち込み）が生じている状態を指し，人間関係や仕事などの社会生活にも深刻な影響を及ぼします。また，アディクションは，特定の物質（アルコール，ニコチン，薬物など）に関連する「物質依存」と，特定の行動（ギャンブル，ゲーム，インターネットなど）に関連する「行動嗜癖」に分けられます。その他にも，窃盗症（クレプトマニア），摂食障害，自傷行為，性的嗜癖（強迫的性行動症，パラフィリア障害）などがあります。

　アディクションの生理的要因として，アルコールや薬物を摂取したり，ギャンブルやゲームをしたりすると，脳の報酬系が強く刺激され，結果として，本人の意思とは関係なく反復する習慣がつき，自分で行動を制御することがむずかしくなります。アディクションの心理的要因としては，不安やストレスの感じやすさや，コーピングスキルの欠如がアディクションのリスクを高めることが指摘されています。

　アディクションの治療には薬物療法，心理療法の他，治療・相談機関として，回復支援施設や自助グループ（AA，ダルクなど）があります。また，これまでの治療では完全な断酒や断薬を目標としていましたが，実際にはそれが困難なケースが多くありました。そこで，近年では，アディクションに関連する行動を完全に排除するのではなく，まずはアディクションにより生じる健康・社会・経済上の悪影響を少しでも抑制することをめざす「ハームリダクション（harm reduction）」が注目されています。具体的な手法として，アルコール依存の場合，節酒・減酒を目的に，アルコール度数の少ない酒を選ぶなどの飲酒習慣の改善や，飲酒量を低減する治療薬（ナルメフェン）の服用があります。また，欧米では，薬物使用者に対して，HIVなどの感染症予防を目的に，清潔な注射器への交換や代替薬の提供，過量摂取死防止を目的とした注射室の設置などが行われています。

参 考 図 書

永岑 光恵（2022）．はじめてのストレス心理学　岩崎学術出版社

山蔦 圭輔（2015）．ベーシック健康心理学——臨床への招待——　ナカニシヤ出版

復 習 問 題

1. ストレスの心理的反応にはどのようなものがあるか説明してください。
2. ストレス時の生理的反応（副腎皮質，副腎髄質）について説明してください。
3. トランスアクショナルモデルの一次的評価と二次的評価について説明してください。
4. PTSD の症状について説明してください。
5. ソーシャルサポートの4つの機能について説明してください。

引 用 文 献

第 1 章

秋山 学・清水 寛之（2020）．科学としての心理学　長谷川 千洋（編）エッセンシャル心理学　ナカニシヤ出版

American Psychological Association（2023）．Science of psychology. American Psychological Association Retrieved from https://www.apa.org/education-career/guide/science

Conrad, E., & Maul, T.（1981）．*Introduction to experimental psychology.* New York: John Wiley & Sons.

Ebbinghaus, H.（1908）．*Abriss der Psychologie.* Leipzig: Veit und Comp.

Engel, G. L.（1977）．The need for a new medical model: A challenge for biomedicine. *Science, 196*（4286）, 129-136.

Jackson, T.（2018）．*Psychology: An illustrated history of the mind from hypnotism to brain scans.* New York: Shelter Harbor Press.
（ジャクソン，T. 清水 寛之・井上 智義（監訳・訳）（2020）．図鑑心理学――歴史を変えた100の話――　ニュートンプレス）

Smith, B. D.（1998）．*Psychology: Science and understanding.* Boston, MA: McGraw-Hill.

第 2 章

Botvinick, M., & Cohen, J.（1998）．Rubber hands "feel" touch that eyes see. *Nature, 391,* 756.

Cherry, E. C.（1953）．Some experiments on the recognition of speech with one and two ears. *Journal of the Acoustical Society of America, 25,* 975-979.

鹿取 廣人・杉本 敏夫・鳥居 修晃・河内 十郎（編）（2020）．心理学　第5版補訂版　東京大学出版会

仲谷 正史・山田 真司・近藤 洋史（2023）．脳がゾクゾクする不思議――ASMRを科学する――　岩波書店

妹尾 武治・笹山 琴由（2023）．ベクション　吉澤 達也（編）感覚知覚の心理学（pp.175-181）朝倉書店

Simons, D. J., & Chabris, C. F.（1999）．Gorillas in our midst: Sustained inattentional blindness for dynamic events. *Perception, 28,* 1059-1074.

Stroop, J. R.（1935）．Studies of interference in serial verbal reactions. *Journal of Experimental Psychology, 18,* 643-662.

第 3 章

Bandura, A., Ross, D., & Ross, S. A.（1963）．Imitation of film-mediated aggressive models. *Journal of Abnormal and Social Psychology, 66,* 3-11.

実森 正子・中島 定彦（2019）．学習の心理――行動のメカニズムを探る――　第2版　サイ

エンス社

小野 浩一 (2005). 迷信はどうしてできるのですか？ 心理学ワールド, *28*, 34.

Peterson, J. (1917). Experiments in ball-tossing: The significance of learning curves. *Journal of Experimental Psychology, 2*, 178-224.

山内 光哉・春木 豊 (編著) (2001). グラフィック学習心理学——行動と認知—— サイエンス社

第4章

Atkinson, R. C., & Shiffrin, R. M. (1968). Human memory: A proposed system and its control processes. In K. W. Spence, & J. T. Spence (Eds.), *The psychology of learning and motivation*. Vol. 2 (pp.89-195). New York: Academic Press.

Baddeley, A. D. (2000). The episodic buffer: A new component of working memory? *Trends in Cognitive Sciences, 4*, 417-423.

Baddeley, A. D., & Hitch, G. J. (1974). Working memory. In G. A. Bower (Ed.), *The psychology of learning and motivation*. Vol. 8 (pp.47-89). New York: Academic Press.

Bower, G. H., & Clark, M. C. (1969). Narrative stories as mediators for serial learning. *Psychonomic Science, 14*, 181-182.

Brown, A. S., Caderao, K. C., Fields, L. M., & Marsh, E. J. (2015). Borrowing personal memories. *Applied Cognitive Psychology, 29*, 471-477.

Collins, A. M., & Loftus, E. F. (1975). A spreading-activation theory of semantic processing. *Psychological Review, 82*, 407-428.

Craik, F. I. M., & Lockhart, R. S. (1972). Levels of processing: A framework for memory research. *Journal of Verbal Learning and Verbal Behavior, 11*, 671-684.

Craik, F. I. M., & Tulving, E. (1975). Depth of processing and the retention of words in episodic memory. *Journal of Experimental Psychology: General, 104*, 268-294.

Daneman, M., & Carpenter, P. A. (1980). Individual differences in working memory and reading. *Journal of Verbal Learning and Verbal Behavior, 19*, 450-466.

Glanzer, M., & Cunitz, A. R. (1966). Two storage mechanisms in free recall. *Journal of Verbal Learning and Verbal Behavior, 5*, 351-360.

Godden, D. R., & Baddeley, A. D. (1975). Context dependent memory in two natural environments: On land and underwater. *British Journal of Psychology, 66*, 325-331.

Loftus, E. F., & Palmer, J. C. (1974). Reconstruction of automobile destruction: An example of the interaction between language and memory. *Journal of Verbal Learning and Verbal Behavior, 13*, 585-589.

Madigan, S. A. (1969). Intraserial repetition and coding processes in free recall. *Journal of Verbal Learning and Verbal Behavior, 8*, 828-835.

槇 洋一・仲 真紀子 (2006). 高齢者の自伝的記憶におけるバンプと記憶内容 心理学研究, *77*, 333-341.

引用文献　　　　187

Meyer, D. E., & Schvaneveldt, R. W. (1971). Facilitation in recognizing pairs of words: Evidence of a dependence between retrieval operations. *Journal of Experimental Psychology, 90*, 227-234.

Miller, G. A. (1956). The magical number seven, plus or minus two: Some limits on our capacity for processing information. *Psychological Review, 63*, 81-97.

Nairne, J. S., Thompson, S. R., & Pandeirada, J. N. S. (2007). Adaptive memory: Survival processing enhances retention. *Journal of Experimental Psychology: Learning, Memory, and Cognition, 33*, 263-273.

苧阪 満里子・苧阪 直行 (1994). 読みとワーキングメモリ容量――日本語版リーディングスパンテストによる測定―― 心理学研究, *65*, 339-345.

Roediger, H. L. III, & Karpicke, J. D. (2006). Test-enhanced learning: Taking memory tests improves long-term retention. *Psychological Science, 17*, 249-255.

Rogers, T. B., Kuiper, N. A., & Kirker, W. S. (1977). Self-references and the encoding of personal information. *Journal of Personality and Social Psychology, 35*, 677-688.

Rubin, D. C., & Schulkind, M. D. (1997). The distribution of autobiographical memories across the lifespan. *Memory and Cognition, 25*, 859-866.

第5章

Duncker, K. (1945). On problem-solving. *Psychological Monographs, 58*, i-113.

Griggs, R. A., & Cox, J. A. (1982). The elusive thematic materials effect in Wason's selection task. *British Journal of Psychology, 73*, 407-420.

Köhler, W. (1921). *Intelligenzprüfungen an Menschenaffen, 2*. Springer.
(ケーラー, W. 宮 孝一 (訳) (1962). 類人猿の知恵試験 岩波書店)

Luchins, A. S. (1942). Mechanization in problem solving: The effect of Einstellung. *Psychological Monographs, 54*, i-95.

Lung, C.-t., & Dominowski, R. L. (1985). Effects of strategy instructions and practice on nine-dot problem solving. *Journal of Experimental Psychology: Learning, Memory, and Cognition, 11*, 804-811.

Maier, N. R. F. (1931). Reasoning in humans. II. The solution of a problem and its appearance in consciousness. *Journal of Comparative Psychology, 12*, 181-194.

Newell, A., & Simon, H. A. (1972). *Human problem solving*. Englewood Cliffs, NJ: Prentice-Hall.

QA倶楽部 (編著) (1992). これが超世紀末のある・ないクイズ――難問・奇問・珍問201発！―― 土屋書店

Tversky, A., & Kahneman, D. (1981). The framing of decisions and the psychology of choice. *Science, 211*, 453-458.

Tversky, A., & Kahneman, D. (1983). Extensional versus intuitive reasoning: The conjunction fallacy in probability judgment. *Psychological Review, 90*, 293-315.

188 引用文献

Wallas, G.（1926）. *The art of thought*. New York: Harcourt Brace Jovanovich.

Wason, P. C.（1966）. Reasoning. In B. M. Foss（Ed.）, *New horizons in psychology*. Harmondsworth, UK: Penguin.

Wason, P. C., & Johnson-Laird, P. N.（1972）. *Psychology of reasoning: Structure and content*. Cambridge, MA: Harvard University Press.

第6章

Binet, A., & Simon, T.（1905）. Méthodes nouvelles pour le diagnostic du niveau intellectuel des anormaux. *L'année Psychologique, 17*, 191-244.

Cattell, R. B.（1963）. Theory of fluid and crystallized intelligence: A critical experiment. *Journal of Educational Psychology, 54*, 1-22.

Ethnologue（2024）. Languages of the world. Ethnologue Retrieved from https://www.ethnologue.com（2024 年 5 月 29 日）

Gardner, H.（1999）. *Intelligence reframed: Multiple intelligences for the 21st century*. New York: Basic Books.

（ガードナー, H. 松村 暢隆（訳）（2001）. MI──個性を生かす多重知能の理論── 新曜社）

Goleman, D.（1995）. *Emotional intelligence: Why it can matter more than IQ*. New York: Bantam Books.

（ゴールマン, D. 土屋 京子（訳）（1998）. EQ──こころの知能指数── 講談社）

Guilford, J. P.（1967）. *The nature of human intelligence*. New York: McGraw-Hill.

Hall, E. T.（1966）. *The hidden dimension*. New York: Doubleday.

（ホール, E. T. 日高 敏隆・佐藤 信行（訳）（1970）. かくれた次元 みすず書房）

Heckman, J. J.（2013）. *Giving kids a fair chance*. Boston, MA: MIT Press.

（ヘックマン, J. J. 古草 秀子（訳）（2015）. 幼児教育の経済学 東洋経済新報社）

堀部 安嗣（2019）. 住まいの基本を考える 新潮社

Ogden, C. K., & Richards, I. A.（1923）. *The meaning of meaning*. London: Routledge & Kegan Paul.

（オグデン, C. ・リチャーズ, I. 石橋 幸太郎（訳）（2008）. 意味の意味 新泉社）

Ramachandran, V. S.（2003）. *The emerging mind*. London: Profile Books.

（ラマチャンドラン, V. S. 山下 篤子（訳）（1999）. 脳のなかの幽霊, ふたたび──見えてきた心のしくみ── 角川書店）

Spearman, C.（1927）. *The abilities of man*. New York: MacMillan.

Thurstone, L. L.（1938）. *Primary mental abilities*. Chicago, IL: University of Chicago Press.

Thurstone, L. L., & Thurstone, T. G.（1941）. Factorial studies of intelligence. *Psychometric Monographs, 2*, 94.

引 用 文 献 189

第7章

東 洋 (1969). 知的行動とその発達　岡本 夏木他 (編) 児童心理学講座4　認識と思考 (pp.3-22)　金子書房

Baltes, P. B. (1997). On the incomplete architecture of human ontogeny. Selection, optimization, and compensation as foundation of developmental theory. *American Psychologist*, *52*, 366-380.

Bowlby, J. (1969). *Attachment and loss*. Vol. 1. *Attachment*. New York: Basic Books.
　　(ボウルビィ, J. 黒田 実郎・大羽 蓁・岡田 洋子・黒田 聖一 (訳) (1991). 母子関係の理論 I　愛着行動　新版　岩崎学術出版社)

Bowlby, J. (1973). *Attachment and loss*. Vol.2. *Separation*. New York: Basic Books.
　　(ボウルビィ, J. 黒田 実郎・岡田 洋子・吉田 恒子 (訳) (1995). 母子関係の理論 II 分離不安　新版　岩崎学術出版社)

Butterworth, G., & Harris, M. (1994). *Principles of developmental psychology: An introduction*. Hove: Lawrence Erlbaum Associates.
　　(バターワース, G.・ハリス, M. 村井 潤一 (監訳) (1997). 発達心理学の基本を学ぶ ──人間発達の生物学的・文化的基盤──　ミネルヴァ書房)

Carstensen, L. L., Isaacowitz, D. M., & Charles, S. T. (1999). Taking time seriously. A theory of socioemotional selectivity. *American Psychologist*, *54*, 165-181.

Carstensen, L. L., Pasupathi, M., Mayr, U., & Nesselroade, J. R. (2000). Emotional experience in everyday life across the adult life span. *Journal of Personality and Social Psychology*, *79*, 644-655.

Erikson, E. H. (1959). Identity and the life cycle: Selected papers. *Psychological issues monograph*, Vol. 1, No.1. International Universities.
　　(エリクソン, E. H. 西平 直・中島 由恵 (訳) (2011). アイデンティティとライフサイクル　誠信書房)

Erikson, E. H., & Erikson, J. M. (1998). *The life cycle completed* (Extended version). New York: W. W. Norton.
　　(エリクソン, E. H.・エリクソン, J. M. 村瀬 孝雄・近藤 邦夫 (訳) (2001). ライフサイクル, その完結　増補版　みすず書房)

Freud, S. (1916-17). *Vorlesungen zur Einführung in die Psychoanalyse*. Leipzig und Wien: Hugo Heller.
　　(フロイト, S. 懸田 克躬・高橋 義孝 (訳) (1971). フロイト著作集1　精神分析入門 人文書院)

Havighurst, R. J. (1948). *Developmental tasks and education*. Chicago, IL: The University of Chicago Press.
　　(ハヴィガースト, R. J. 児玉 憲典・飯塚 裕子 (訳) (1997). ハヴィガーストの発達課題と教育──生涯発達と人間形成──　川島書店)

Jung, C. G. (1960). The stage of life. In *The collected works of Carl G. Jung*. Vol. 8 (pp.387-403).

New Jersey: Princeton University Press.（Original work published 1933）

岡田 敬藏（1954）．遺傳と環境　井村 恒郎・懸田 克躬・島崎 敏樹・村上 仁（編）異常心理學講座5　社会病理学　みすず書房

Piaget, J. (1953). *Logic and psychology*. Manchester, UK: Manchester University Press.
（ピアジェ，J. 芳賀 純（訳）（1966）．論理学と心理学　評論社）

Piaget, J. (1936). *La naissance de l'intelligence chez l'enfant*. Delachaux et Nistlé.
（ピアジェ，J. 谷村 覚・浜田 寿美男（訳）（1978）．知能の誕生　ミネルヴァ書房）

Piaget, J., & Inhelder, B. (1956). *The child's conception of space*. London: Routledge & Kegan Paul.

齋藤 慈子（2018）．生涯発達の視点　開 一夫・齋藤 慈子（編）ベーシック発達心理学（pp.35-52）　東京大学出版会

ヴィゴツキー，L. S. 柴田 義松（訳）（2001）．思考と言語　新訳版　新読書社

ヴィゴツキー，L. S. 柴田 義松（監訳）（2005）．文化的―歴史的精神発達の理論　学文社

第8章

Allport, G. W., & Odbert, H. S. (1936). Trait-names: A psycho-lexical study. *Psychological Monographs*, *47*, i-171.

Kretschmer, E. (1921). *Körperbau und Charakter: Untersuchungen zum Konstitutionsproblem und zur Lehre von den Temperamenten*. Berlin: Springer.
（クレッチメル，E. 相場 均（訳）（1960）．体格と性格――体質の問題および気質の学説によせる研究――　文光堂）

McCrae, R. R., Terracciano, A., & Personality Profiles of Cultures Project. (2005). Personality profiles of cultures: Aggregate personality traits. *Journal of Personality and Social Psychology*, *89*, 407-425.

縄田 健悟（2014）．血液型と性格の無関連性――日本と米国の大規模社会調査を用いた実証的論拠――　心理学研究，*85*，148-156.

小塩 真司（2020）．性格とは何か――より良く生きるための心理学――　中央公論新社

小塩 真司（編著）（2021）．非認知能力――概念・測定と教育の可能性――　北大路書房

小塩 真司・阿部 晋吾・カトローニ，P.（2012）．日本語版 Ten Item Personality Inventory（TIPI-J）作成の試み　パーソナリティ研究，*21*，40-52.

Schmitt, D. P., & Allik, J. (2005). Simultaneous administration of the Rosenberg Self-Esteem Scale in 53 nations: Exploring the universal and culture-specific features of global self-esteem. *Journal of Personality and Social Psychology*, *89*, 623-642.

Schmitt, D. P., Allik, J., McCrae, R. R., & Benet-Martínez, V. (2007). The geographic distribution of Big Five Personality Traits: Patterns and profiles of human self-description across 56 nations. *Journal of Cross-Cultural Psychology*, *38*, 173-212.

詫摩 武俊・瀧本 孝雄・鈴木 乙史・松井 豊（1990）．性格心理学への招待――自分を知り他者を理解するために――　サイエンス社

引 用 文 献　　　　191

第9章

Abramson, L. Y., Seligman, M. E., & Teasdale, J. D. (1978). Learned helplessness in humans: Critique and reformulation. *Journal of Abnormal Psychology, 87,* 49-74.

Ekman, P. (1992). Are there basic emotions? *Psychological Review, 99,* 550-553.

Maslow, A. H. (1943). A theory of human motivation. *Psychological Review, 50,* 370-396.

Overmier, J. B., & Seligman, M. E. (1967). Effects of inescapable shock upon subsequent escape and avoidance responding. *Journal of Comparative and Physiological Psychology, 63,* 28-33.

Ryan, R. M., & Deci, E. L. (2000). Self-determination theory and the facilitation of intrinsic motivation, social development, and well-being. *American Psychologist, 55,* 68-78.

Schachter, S., & Singer, J. (1962). Cognitive, social, and physiological determinants of emotional state. *Psychological Review, 69,* 379-399.

Smith, R. H. (2013). *The joy of pain: Schadenfreude and the dark side of human nature.* Oxford: Oxford University Press.

（スミス，R. H. 澤田 匡人（訳）（2018）．シャーデンフロイデ——人の不幸を喜ぶ私たちの闇——　勁草書房）

Weiner, B. (1985). An attributional theory of achievement motivation and emotion. *Psychological Review, 92,* 548-573.

Zajonc, R. B. (1968). Attitudinal effects of mere exposure. *Journal of Personality and Social Psychology, 9,* 1-27.

第10章

Beaumont, J. G., Kenealy, P. M., & Rogers, M. J. C. (Eds.). (1991) *The Blackwell dictionary of neuropsychology.* New York: Wiley-Blackwell.

（ビューモント，J. G.・ケネアリー，P. M.・ロジャーズ，M. J. C. 岩田 誠・河内 十郎・河村 満（監訳）（2007）．神経心理学事典　医学書院）

Kojima, G., Taniguchi, Y., Iliffe, S., & Walters, K. (2016). Frailty as a predictor of Alzheimer disease, vascular dementia, and all dementia among community-dwelling older people: A systematic review and meta-analysis. *Journal of the American Medical Directors Association, 17,* 881-888.

小海 宏之（2019）．神経心理学的アセスメント・ハンドブック　第2版　金剛出版

葛谷 雅文（2009）．老年医学における Sarcopenia & Frailty の重要性　日本老年医学会雑誌, *46,* 279-285.

Лурия, А. Р. (1973). Основы нейропсихологии. Москва: Издательство МГУ.

（ルリヤ，A. R. 鹿島 晴雄（訳）（1999）．神経心理学の基礎——脳のはたらき——　第2版　創造出版）

第11章

Adler, P. S. (1975). The transitional experience: An alternative view of culture shock. *Journal of Humanistic Psychology, 15*, 13-23.

Allport, G. W., & Postman, L. (1947). *The psychology of rumor*. New York: Henry Holt.
（オルポート，G. W.・ポストマン，L. 南 博（訳）（1952）．デマの心理學 岩波書店）

Asch, S. E. (1946). Forming impressions of personality. *Journal of Abnormal and Social Psychology, 41*, 258-290.

Asch, S. E. (1951). Effects of group pressure upon the modification and distortion of judgments. In H. Guetzkow (Ed.), *Groups, leadership and men: Research in human relations* (pp.177-190). Lancaster, UK: Carnegie Press.
（アッシュ，S. E. 岡村 二郎（訳）（1969）．集団圧力が判断の修正とゆがみに及ぼす効果 カートライト，D.・ザンダー，A. 三隅 二不二・佐々木 薫（訳編）グループ・ダイナミックスⅠ 第2版 誠信書房）

遠藤 由美（2018）．社会的影響 無藤 隆・森 敏昭・遠藤 由美・玉瀬 耕治 心理学 新版（pp.397-419） 有斐閣

Furnham, A., & Bochner, S. (1986). *Culture shock: Psychological reactions to unfamiliar environments*. London: Methuen.

箱井 英寿・高木 修（1987）．援助規範意識の性別，年代，および，世代間の比較 社会心理学研究, *3*, 39-47.

Haney, C., Banks, W. C., & Zimbardo, P. G. (1973). A study of prisoners and guards in a simulated prison. *Naval Research Review, 30*, 4-17.

Heider, F. (1944). Social perception and phenomenal causality. *Psychological Review, 51*, 358-374.

Heider, F. (1946). Attitudes and cognitive organization. *The Journal of Psychology: Interdisciplinary and Applied, 21*, 107-112.

Heider, F. (1958). *The psychology of interpersonal relations*. New York: Wiley.
（ハイダー，F. 大橋 正夫（訳）（1978）．対人関係の心理学 誠信書房）

Heine, S. J. (2011). *Cultural psychology* (2nd ed.). New York: W. W. Norton.

Hofstede, G. (1991). *Cultures and organizations: Software of the mind*. London: McGraw-Hill.

Markus, H. R., & Kitayama, S. (1991). Culture and the self: Implications for cognition, emotion, and motivation. *Psychological Review, 98*, 224-253.

Masuda, T., & Nisbett, R. E. (2001). Attending holistically versus analytically: Comparing the context sensitivity of Japanese and Americans. *Journal of Personality and Social Psychology, 81*, 922-934.

Milgram, S. (1963). Behavioral study of obedience. *Journal of Abnormal and Social Psychology, 67*, 371-378.

Milgram, S. (1974). *Obedience to authority: An experimental view*. New York: Harper & Row.
（ミルグラム，S. 山形 浩生（訳）（2012）．服従の心理 河出書房新社）

引　用　文　献　　　193

三隅 二不二（1984）．リーダーシップ行動の科学　改訂版　有斐閣

岡部 朗一（1996）．文化とコミュニケーション　古田 暁（監修）石井 敏・岡部 朗一・久米
　　昭元　異文化コミュニケーション　改訂版（pp.41-43）　有斐閣

大橋 正夫・長戸 啓子・平林 進・吉田 俊和・林 文俊・津村 俊光・小川 浩（1976）．相貌と性
　　格の仮定された関連性（1）――対をなす刺激人物の評定値の比較による検討――　名古
　　屋大学教育学部紀要　教育心理学科, *23*, 11-25.

Ross, L.（1977）. The intuitive psychologist and his shortcomings: Distortions in the attribution
　　process. In L. Berkowitz（Ed.）, *Advances in experimental social psychology*（pp.173-220）.
　　New York: Academic Press.

鈴木 一代（1997）．異文化遭遇の心理学――文化・社会の中の人間――　ブレーン出版

第12章

American Psychological Association Presidential Task Force on Evidence-Based Practice.
　　（2006）. Evidence-based practice in psychology. *American Psychologist, 61*, 271-285.

DPAT 事務局（2022）．DPAT 活動マニュアル Ver3.0　DPAT 事務局　Retrieved from https://
　　www.dpat.jp/images/dpat_documents/3_220415.pdf

Engel, G. L.（1977）. The need for a new medical model: A challenge for biomedicine. *Science,
　　196*（4286）, 129-136.

フロイト, S.　道籏 泰三（責任編集）（2011）．1932-37年　続・精神分析入門講義　終わり
　　のある分析とない分析　フロイト全集21　岩波書店

伊藤 絵美（2022）．世界一隅々まで書いた認知行動療法・認知再構成法の本　遠見書房

松下 姫歌（2021）．心理療法における「エビデンス」とは何か――Evidence-based の概念の
　　再検討を通して――　京都大学大学院教育学研究科紀要, *67*, 335-359.

National Child Traumatic Stress Network, & National Center for PTSD（2006）. Psychological
　　First Aid: Field operations guide（2nd ed.）. U. S. Department of Veterans Affairs.
　　Retrieved from https://www.ptsd.va.gov/professional/treat/type/psych_firstaid_manual.
　　asp
　　（アメリカ国立子どもトラウマティックストレス・ネットワーク・アメリカ国立 PTSD
　　センター　兵庫県こころのケアセンター（訳）（2009）．サイコロジカル・ファーストエ
　　イド実施の手引き　第2版　兵庫県こころのケアセンター　Retrieved from https://
　　www.j-hits.org/document/pfa_spr/page1.html）

Norcross, J. C.（2005）. A primer on psychotherapy integration. In J. C. Norcross, & M. R.
　　Goldfried（Eds.）, *Handbook of psychotherapy integration*（2nd ed., pp.3-23）. New York:
　　Oxford University Press.

第13章

Bartz, C., & Maloney, J. P.（1986）. Burnout among intensive care nurses. *Research in Nursing
　　and Health, 9*, 147-153.

Caplan, G. (1974). *Support systems and community mental health: Lectures on concept development.* New York: Behavioral Publications.

(キャプラン, G. 近藤 喬一・増野 肇・宮田 洋三 (訳) (1979). 地域ぐるみの精神衛生 星和書店)

Chida, Y., & Steptoe, A. (2009). The association of anger and hostility with future coronary heart disease: A meta-analytic review of prospective evidence. *Journal of the American College of Cardiology, 53,* 936-946.

Denollet, J., Vaes, J., & Brutsaert, D. L. (2000). Inadequate response to treatment in coronary heart disease: Adverse effects of type D personality and younger age on 5-year prognosis and quality of life. *Circulation, 102,* 630-635.

Friedman, M., & Rosenman, R. H. (1974). *Type A behavior and your heart.* New York: Alfred A. Knopf.

(フリードマン, M.・ローゼンマン, R. H. 河野 友信 (監修) 新里 里春 (訳) (1993). タイプA——性格と心臓病—— 創元社)

Holmes, T. H., & Rahe, R. H. (1967). The Social Readjustment Rating Scale. *Journal of Psychosomatic Research, 11,* 213-218.

Kahn, R. L., & Antonucci, T. C. (1980). Convoys over the life course: Attachment, roles, and social support. In P. B. Baltes, & O. G. Brim, Jr. (Eds.), *Life-span development and behavior.* Vol. 3 (pp.253-286). New York: Academic Press.

厚生労働省 (2020). 2019年国民生活基礎調査の概況 厚生労働省 Retrieved from https://www.mhlw.go.jp/toukei/saikin/hw/k-tyosa/k-tyosa19/ (2023年11月1日)

久保 真人 (2007). バーンアウト (燃え尽き症候群) ——ヒューマンサービス職のストレス—— 日本労働研究雑誌, *558,* 54-64.

Lazarus, R., & Folkman, S. (1984). *Stress, appraisal and coping.* New York: Springer.

Maslach, C., & Jackson, S. E. (1981). The measurement of experienced burnout. *Journal of Occupational Behavior, 2,* 99-113.

夏目 誠 (2008). 出来事のストレス評価 精神神経学雑誌, *110,* 182-188.

日本心身医学会教育研修委員会 (編) (1991). 心身医学の新しい診療指針 心身医学, *31,* 537-573.

Schaefer, C., Coyne, J. C., & Lazarus, R. S. (1981). The health-related functions of social support. *Journal of Behavioral Medicine, 4,* 381-406.

島津 明人 (2002). 心理学的ストレスモデルの概要とその構成要因 小杉 正太郎 (編著) ストレス心理学——個人差のプロセスとコーピング—— (pp.31-58) 川島書店

Temoshok, L. (1987). Personality, coping style, emotion and cancer: Towards an integrative model. *Cancer Surveys, 6,* 545-567.

津川 律子・信田 さよ子 (編) (2021). 心理学からみたアディクション 朝倉書店

人名索引

ア 行

アイゼンク（Eysenck, H. J.）　101，102，164

アイヒマン（Eichmann, A.）　154

アリストテレス（Aristoteles）　3

ヴィゴツキー（Vygotsky, L. S.）　93

ウェーバー（Weber, E. H.）　4

ウォルピ（Wolpe, J.）　165

ヴント（Wundt, W. M.）　4～6

エクマン（Ekman, P.）　120

エビングハウス（Ebbinghaus, H.）　3，4

エリクソン（Erikson, E. H.）　87

エンゲル（Engel, G. L.）　12

オルポート（Allport, G. W.）　99，101

カ 行

ガッデン（Godden, D. R.）　48

グランツァー（Glanzer, M.）　41

クレイク（Craik, F. I. M.）　47

クレッチマー（Kretschmer, E.）　100

ゲゼル（Gesell, A.）　85

コリンズ（Collins, A. M.）　45

サ 行

ザイアンス（Zajonc, R. B.）　121

ジェームズ（James, W.）　4～6

ジェンセン（Jensen, A. R.）　86

シモンズ（Simons, D. J.）　24

ジャクソン（Jackson, T.）　9

シャクター（Schachter, S.）　121

シュテルン（Stern, W.）　85

シュプランガー（Spranger, E.）　100

ジンバルドー（Zimbardo, P.）　154

スキナー（Skinner, B. F.）　27，31，32，37

セリエ（Selye, H.）　172

セリグマン（Seligman, M. E.）　117

ソーンダイク（Thorndike, E. L.）　32

タ 行

ダーウィン（Darwin, C. R.）　4

チェリー（Cherry, E. C.）　23

チューリング（Turing, A. M.）　84

デカルト（Descartes, R.）　3

デシ（Deci, E. L.）　116

テモショック（Temoshok, L.）　180

トールマン（Tolman, E. C.）　27

ナ 行

夏目 誠　176

縄田 健悟　101

西 周　2

ノークロス（Norcross, J. C.）　169

人名索引

ハ 行

パールズ（Perls, F.） 160
ハイダー（Heider, F.） 143
バウアー（Bower, G. H.） 47
ハヴィガースト（Havighurst, R. J.） 89
パブロフ（Pavlov, I. P.） 29，30
バンデューラ（Bandura, A.） 36，37

ピアジェ（Piaget, J.） 91
ピーターソン（Peterson, J.） 33

フェヒナー（Fechner, G. T.） 4
フランクル（Frankl, V. E.） 160
フリードマン（Friedman, M.） 180
フロイト（Freud, S.） 6，90，161，162
ブローカ（Broca, P. P.） 4

ベック（Beck, A. T.） 165，166
ヘックマン（Heckman, J.） 111
ヘルムホルツ（von Helmholtz, H. L. F.） 4

ボウルビィ（Bowlby, J.） 95
ホルムズ（Holmes, T. H.） 175

マ 行

マキャベリ（Machiavelli, N.） 112
マスラック（Maslach, C.） 178

マズロー（Maslow, A. H.） 114，160
マッハ（Mach, E.） 25

ミュラー（Müller, J. P.） 4
ミルグラム（Milgram, S.） 154

森田 正馬 168

ヤ 行

ユング（Jung, C. G.） 88，89，100

吉本伊信 168

ラ 行

ラザルス（Lazarus, R.） 174，175

リンカーン（Lincoln, A.） 110

ローレンツ（Lorenz, K. Z.） 28
ロジャーズ（Rogers, C. R.） 159，160
ロダン（Rodin, F-A-R.） 55
ロック（Locke, J.） 3
ロフタス（Loftus, E. F.） 52

ワ 行

ワイナー（Weiner, B.） 117
ワトソン（Watson, J. B.） 6，27，30，85

事項索引

ア　行

愛着　95
アイデンティティ　88
アタッチメント　95
アディクション　183
アハ体験　61
アルゴリズム　63
安全基地　96
暗黙裡のパーソナリティ理論　142

意思決定　67
依存症　183
一語文　95
一次体性感覚野　17
一次的評価　174
一次的欲求　113
遺伝要因　108
イド　162
異文化接触　152
異文化体験　152
意味記憶　43
意味ネットワークモデル　45
意味の三角形　80
印象形成　142
インパス　61
インプリンティング　28

ウィスコンシンカード分類検査　137
ウェルニッケ失語　134
ウェルニッケ野　133
内田クレペリン検査　104
うつ病　177

裏　64
運動感覚　17
運動失語　134
運動神経　128

エイジング・パラドックス　98
鋭敏化　28
エス　162
エピソード記憶　43
エビデンス　9
エビデンスに基づく医療　157
エビデンスに基づく実践　157
演繹的推論　64
延髄　130

オペラント条件づけ　31
オルゾネーザル嗅覚　16
温度感覚　17

カ　行

外言　93
外向性―内向性　101
外耳　16
外集団　147
外側溝　131
改訂版ウエクスラー記憶検査　137
外的帰属　145
海馬　129, 133
外発的動機づけ　116
回避―回避型　115
科学者―実践家モデル　158
蝸牛　16

事 項 索 引

拡散的思考　56
学習曲線　33
学習性無力感　118
学習優位説　85
カクテルパーティ現象　22
仮説　9
家族療法　167
活性化拡散　45
葛藤　115
カルチャーショック　153
感覚運動期　91
感覚記憶　40
感覚失語　134
感覚神経　128
感覚生理学　4
環境閾値説　86
環境要因　108
観察学習　36
感情　119
桿体細胞　15

記憶障害　135
機械受容感覚　17
規準喃語　94
期待効用　67
拮抗条件づけ　31
技能学習　33
機能的固着　59
帰納的推論　65
気分　119
基本感情　120
基本的欲求　113
記銘　40
逆　64
逆転移　164
ギャンググループ　96

嗅覚　16
急性ストレス障害　179
強化　32
共感的理解　161
凝集性　147
共通特性　101
局所論　162

クーイング　94
具体的操作期　93
グリア細胞　125
クリティカル・シンキング　70
グループダイナミクス　146
クロスモーダル　21
群化　17
群衆　149

経験説　4
形式的操作期　93
系統的脱感作法　165
系列位置効果　42
ゲシュタルト心理学　6
結果の知識　34
結晶性知能　76
原因帰属　116, 144
言語相対仮説　82
言語的コミュニケーション　79
言語普遍説　83
検索　40
原始反射　90

行為者―観察者バイアス　145
効果の法則　32
交感神経　128
高原現象　33
高次脳機能障害　133

事項索引　199

向社会的行動　145
構造化面接　107
行動主義　27
行動主義心理学　5
後頭葉　130, 133
行動療法　164
効用　67
コース立方体組み合わせテスト　138
コーピング　174
心と行動の科学　3
古典的条件づけ　29
好み　119
個別特性　101
コミュニケーション　79
コンフリクト　115

サ　行

災害派遣医療チーム　170
災害派遣精神医療チーム　170
サイコロジカル・ファーストエイド　170
再生的思考　56
再生法　39
再認法　39
作業検査法　104
錯覚　19
サバイバル効果　48
三項随伴性　32

地　19
自我　162
視覚　15
視覚野　133
刺激　27
自己一致　161
思考　55
試行錯誤　62

自己決定理論　116
事後情報効果　52
自己中心性　93
自己調整機能　80
視床　15, 130
視床下部　130
失語　134
失行　134
実行機能　131
質的研究　11
失認　134
質問紙法　103
自伝的記憶　44
自伝的編集　53
シナプス　126
シャーデンフロイデ　123
社会化　152
社会情動的選択性理論　98
社会的学習　35
社会的促進　146
社会的手抜き　146
社会の動機　114
社会の微笑　91
社会的抑制　146
弱化　32
シャルパンティエ効果　21
集合　149
収束的思考　56
集団維持機能　148
集団間葛藤　148
集団規範　147
集団極化現象　149
集団斉一性　147
集団分極化現象　149
主観的輪郭　19
手段―目標分析　61

事項索引

馴化　28
消去　30
条件刺激　29
条件反応　29
状態空間　61
情動　119
情動焦点型コーピング　175
情動知能　76
情動の2要因説　121
小脳　130
初期状態　61
初語　94
触覚　17
処理水準効果　48
自律神経系　128
シルビウス溝　131
シンギュラリティ　84
神経細胞　125
神経症傾向―安定性　101
人工知能　84
心身症　177
人生の正午　89
心的外傷後ストレス障害　179
信頼性　12
心理学　1
心理学におけるエビデンスに基づく実践
　　157
心理社会的危機　87

図　19
遂行機能　131
遂行機能障害　135
遂行機能障害症候群の行動評価　138
錐体細胞　15
推論　64
ストループ効果　23

ストループ・テスト　138
ストレス　171
ストレス反応　171
ストレッサー　171
刷り込み　28

生活年齢　78
生産的思考　56
成熟優位説　85
精神年齢　77
精神物理学　4
精神分析　6, 161
性的欲求　113
生得説　3
生得的行動　28
正の転移　34
生物―心理―社会モデル　12, 158
生理的微笑　91
生理的欲求　113
脊髄　128, 129
責任の分散　145
積極的配慮　161
接近―回避型　115
接近―接近型　115
宣言的記憶　43
前操作期　93
選択的注意　23
前頭葉　130, 131
前頭葉アセスメント・バッテリー　137

想起　40
相互協調的自己観　151
相互作用説　86
相互独立的自己観　151
創造的思考　56
ソーシャルコンボイ　181

事 項 索 引

ソーシャルサポート　181

側頭葉　130, 133

粗大運動　91

タ　行

ダークトライアド　112

対偶　64

対象の永続性　91

対人距離　81

対人認知　141

体性感覚野　132

体性神経系　128

態度　143

大脳基底核　130

大脳皮質の機能局在　131

代表性ヒューリスティック　68

タイプA行動パターン　180

タイプC行動パターン　180

代理強化　37

代理経験　35

多元的無知　146

多重貯蔵庫モデル　40

多職種連携　158

脱中心化　93

妥当性　11

短期記憶　40, 42

単純接触効果　121

チェンジブラインドネス　24

知性構造モデル　75

知能　73

知能指数　78

知能テスト　77

知能の多因子説　74

知能の2因子説　74

チャムグループ　96

チャンク　42

注意　22

注意障害　135

注意分割　23

中心溝　131

中心転換　61

中枢神経系　128

中脳　130

チューリングテスト　84

聴覚　16

聴覚野　16, 133

長期記憶　40, 43

超自我　162

聴衆　149

貯蔵　40

痛覚　17

適応障害　178

テスト効果　50

手続き的記憶　43

デマ　150

転移　34, 163

投影法　105

動機　113

動機づけ　113

洞察　62

統制の所在　117

同調　147

頭頂葉　130, 132

頭頂連合野　133

動物心理学　38

トークン・エコノミー法　165

特性論　101

時計描画検査　138

事 項 索 引

トランスアクショナルモデル　174
トレイルメイキングテスト　137

ナ　行

内観法　4
内観療法　168
内言　93
内集団　147
内的帰属　144
内発的動機づけ　116
喃語　94

二語文　95
二次的評価　174
二次的欲求　113
ニューロン　125
認知革命　8
認知行動療法　165
認知症　139
認知的評価　174
認知バイアス　68

脳　128，129
脳幹　130
脳溝　130
脳磁図　136
脳波　136
脳梁　129

ハ　行

パーソナリティ　99
パーソナルスペース　81
パーソンセンタード・アプローチ　159
バーンアウト　178
罰　32
発達課題　87，89

発達の最近接領域　94
発話思考法　63
バランス理論　143
般化　30
半構造化面接　107
反社会的行動　145
半側空間無視　135
汎適応症候群　172
反応　27

ピアグループ　96
非言語コミュニケーション　81
非構造化面接　107
微細運動　91
非社会的行動　145
ビッグファイブ　103
人見知り　96
非認知能力　76，111
ヒューリスティック　63
評価　119
評価懸念　146
標準意欲評価法　137
標準注意検査法　137

フィードバック　34
ブーバ・キキ効果　83
副交感神経　128
輻輳説　86
符号化　40
符号化特定性原理　48
負の転移　34
フラストレーション　115
プラトー現象　33
フレイル　139
フレーミング効果　69
ブローカ失語　134

事項索引

ブローカ野　132

文化　150

文化適応　153

分散効果　49

文脈依存記憶　49

分離不安　96

平衡感覚　17

ベクション　25

偏差 IQ　78

扁桃体　16, 129

ベントン視覚記銘検査　137

弁別　30

防衛機制　163

傍観者効果　145

報酬訓練　32

保持　40

補償を伴う選択的最適化理論　98

保存　93

没個性化　149

マ　行

マインドセット　60

マジカルナンバー 7　42

末梢神経系　128

マルチモーダル　21

味覚　16

三宅式言語記銘力検査　137

ミュラー・リヤー錯視　19

味蕾　16

無意識　6

無条件刺激　29

無条件の肯定的関心　161

無条件反応　29

迷信　37

面接法　107

燃え尽き症候群　178

目標状態　61

目標達成機能　148

モデル　36

模倣学習　36

森田療法　168

問題解決　57

問題空間　61

問題焦点型コーピング　175

ヤ　行

誘因　113

欲求　113

欲求階層説　114

欲求不満　115

ラ　行

ラバーハンド錯覚　21

乱衆　149

リーダーシップ　148

リハーサル　47

リバーミード行動記憶検査　137

流言　150

流動性知能　76

両耳分離聴　23

両側性転移　34

量的研究　11

臨界期　28

類型論　100

レーヴン色彩マトリックス検査　138
レトロネーザル嗅覚　16
レミニセンス・バンプ　44
連言錯誤　67

ローランド溝　131

ワ　行

ワーキングメモリ　40, 42

英　字

AI　84
ASD　179
ASMR　26
BADS　138
CATS　137
CDT　138
DMAT　170
DPAT　170

EBM　157
EBP　157
EBPP　157
EEG　136
FAB　137
fMRI　136
IP　168
MCI　139
MEG　136
M 機能　148
NIRS　136
PET　136
PFA　170
PM 理論　148
P-O-X モデル　143
PTSD　179
P 機能　148
TMT　137
WCST　137
WMS-R　137

著者紹介

清水寛之（しみず　ひろゆき）　　　　　　　（第 1，5，6，11 章）

1982 年　大阪市立大学文学部人間関係学科心理学専攻卒業
1989 年　大阪市立大学大学院文学研究科後期博士課程（心理学専攻）単位取得退学
現　在　神戸学院大学心理学部教授　博士（文学）

主要編著書

『記憶におけるリハーサルの機能に関する実験的研究』（風間書房，1998）
『メタ記憶――記憶のモニタリングとコントロール』（編著）（北大路書房，2009）
『認知発達研究の理論と方法――「私」の研究テーマとそのデザイン』（分担執筆）（金子書房，2016）

瀧川真也（たきがわ　しんや）　　　　　　　（第 7，10，12，13 章）

2005 年　川崎医療福祉大学医療福祉学部臨床心理学科卒業
2010 年　北海道大学大学院文学研究科博士後期課程（人間システム科学専攻）修了
現　在　川崎医療福祉大学医療福祉学部臨床心理学科准教授　博士（文学）

主要著書・訳書

『なつかしさの心理学――思い出と感情』（分担執筆）（誠信書房，2014）
『記憶現象の心理学――日常の不思議な体験を探る』（共訳）（北大路書房，2022）

著者紹介

槇 洋一（まき よういち）　　　　　　　　　　　　　　　　（第9章）

1996 年　東京都立大学人文学部心理学科卒業
2008 年　北海道大学大学院文学研究科博士後期課程（人間システム科学専攻）修了
現　　在　北海道教育大学非常勤講師　博士（文学）

主要著書・訳書

『自伝的記憶の心理学』（分担執筆）（北大路書房，2008）

『自己心理学の最先端――自己の構造と機能を科学する』（分担執筆）（あいり出版，2011）

『記憶現象の心理学――日常の不思議な体験を探る』（共訳）（北大路書房，2022）

山本晃輔（やまもと　こうすけ）　　　　　　　　　　　　　（第2～4，8章）

2003 年　龍谷大学文学部卒業
2009 年　関西大学大学院文学研究科博士課程後期課程修了
現　　在　法政大学理工学部創生科学科准教授　博士（文学）

主要著書

『ふと浮かぶ記憶と思考の心理学――無意図的な心的活動の基礎と臨床』（分担執筆）（北大路書房，2014）

『嗅覚と自伝的記憶に関する心理学的研究』（風間書房，2016）

『味嗅覚の科学――人の受容体遺伝子から製品設計まで』（分担執筆）（朝倉書店，2018）

ライブラリ 読んでわかる心理学＝1

読んでわかる心理学

2024 年 12 月 10 日 © 　　　　　　初 版 発 行

著　者　清 水 寛 之　　　　発行者　森 平 敏 孝
　　　　瀧 川 真 也　　　　印刷者　中 澤 　 眞
　　　　槙 　 洋 一　　　　製本者　松 島 克 幸
　　　　山 本 晃 輔

発行所　**株式会社　サイエンス社**

〒151-0051　東京都渋谷区千駄ヶ谷 1 丁目 3 番 25 号
営業 TEL　（03）5474-8500（代）　　振替 00170-7-2387
編集 TEL　（03）5474-8700（代）
FAX　　　（03）5474-8900

組版　ケイ・アイ・エス
印刷　㈱シナノ　　　　　　　製本　松島製本
《検印省略》

本書の内容を無断で複写複製することは，著作者および出
版者の権利を侵害することがありますので，その場合には
あらかじめ小社あて許諾をお求め下さい。

サイエンス社のホームページのご案内
https://www.saiensu.co.jp
ご意見・ご要望は
jinbun@saiensu.co.jp　まで.

ISBN978-4-7819-1616-3

PRINTED IN JAPAN

読んでわかる臨床心理学

伊東眞里・大島　剛・金山健一・渡邉由己 共著

A5 判・208 頁・本体 2,300 円（税抜き）

臨床心理学は，病気や障害，不幸な経験などによって引き起こされる心理的苦痛を軽減するために心理的援助を行い，それを通して問題の解決や改善を目指す学問です．本書は，教育，福祉，医療，高齢者の 4 つの領域の視点から，その役割と心理臨床の方法や対応について，事例を交えながら，わかりやすく説明しています．基本的な知識を押さえ，実践に役立てることのできる一冊です．

【主要目次】

第Ⅰ部　教育と臨床心理学
第1章　教育における臨床心理学の役割
第2章　教育における心理臨床の方法
第3章　教育における心理臨床の対応
第Ⅱ部　福祉と臨床心理学
第4章　福祉における臨床心理学の役割
第5章　福祉における心理臨床の方法
第6章　福祉における心理臨床の対応
第Ⅲ部　医療と臨床心理学
第7章　医療における臨床心理学の役割
第8章　病院における心理臨床の方法
第9章　病院における心理臨床の対応
第Ⅳ部　高齢者と臨床心理学
第10章　高齢者における臨床心理学の役割
第11章　高齢者における心理臨床の方法
第12章　高齢者における心理臨床の対応

サイエンス社